머리말

현재 출판되어 있는 피날레 메뉴얼 북은 많이 있습니다.

기존의 메뉴얼북은 무겁고, 비싸고, 어렵다 라는 생각이 들었습니다. 이부분의 단점을 보안하고자 '피날레 쉽게 따라하기'를 집필하게 되었습니다. 음악하는 사람이라면 시창, 청음, 화성학은 필수적으로 해야하지요. 그와 마찬가지로 피날레도 필수적으로 익혀야 하는 기본적인 부분입니다. 가볍고, 싸고, 쉽게 만든 이 피날레책으로 인해 많은 음악인들이 손쉽게 악보를 만드는데 도움이 되길 바래봅니다.

도움을 주신 교수님, 선생님, 가족, 그리고 여러 지인분들께 다시 한 번 감사드립니다.

김정민

이 책의 특징

첫째, 책을 가볍게 만들었습니다.

그동안 무거운 매뉴얼 북을 가지고 다니느라 어깨가 아프셨죠? 최소한의 무게로 부담을 줄이고, 언제 어디든 간편하게 휴대할 수 있게 만들었습니다.

둘째, 악보를 만드는 데 있어 꼭 필요한 내용만을 다뤘습니다.

기존의 매뉴얼 북을 보면 거의 사용하지 않는, 굳이 없어도 되는 내용이 많습니다.
자주 쓰이지 않는 기능은 과감히 제거하여 간단하게 정리했습니다.

셋째, 가독성을 한껏 높였습니다.

불필요하게 나열된 많은 그림을 하나로 묶어 표시된 화살표만 따라가도 내용을 충분히 이해할 수 있게 하였고, 설명도 짧게 단계별로 정리하여 순서대로 진행만 해도 가능하도록 하였습니다.

넷째, 가격을 대폭 낮추어 소비자의 부담을 덜었습니다.

그동안 비싼 매뉴얼 북을 구매하느라 허리가 휘청이셨죠? 높은 가격 때문에 구매를 망설였던 분을 위해 더없이 저렴하고 적당한 금액으로 판매를 결정하였습니다.

Contents

01 프로젝트 파일 열기 10
　한 단 악보 만들기(Default Document) 10
　원하는 악기 또는 여러 단 악보 만들기(Document with setup wizard) 10

02 음 입력하기 1(Simple Entry Tool) 11
　음표의 길이 조절, 음 입력하기, 임시표 입력하기, 부점 입력하기, 화음쌓기, 셋잇단음표 입력하기 12

03 음 입력하기 2(Speedy Entry Tool) 14
　음 지우기, 쉽게 하는 활용 Tip, 화음 위·아래로 이동하기 / 위·아래 단으로 음 이동하기, 성부 나누기 14

04 간편한 선택기능(Selection Tool) 16
　마디 선택하기, 화면 이동하기, 음 수정하기, 마디 옮기기, 음 Transpose(이조)하기 16

05 조바꿈 따라하기(Key Signature Tool) 17
　조성 바꾸기 1, 2, 3 17

06 박자를 내 맘대로(Time Signature Tool) 19
　박자 바꾸기 1, 2, 3, 4 19

    못갖춘마디 설정하기 1, 2 · 21
    못갖춘마디 해제하기 · 22

07 음자리표를 내 맘대로(Clef Tool)   22

08 마디로 할 수 있는 모든 것(Measure Tool)   23

    세로줄 바꾸기 · 23
    마디 묶기 · 23
    묶인 마디 숫자 넣기 · 24
    마디 추가하기 · 25
    전체 마디에 번호 넣기 · 26
    마디번호 중간에 바꾸기 · 27

09 다양한 오선 설정 따라하기(Staff Tool)   28

    Staff Attributes(2011 Version) · 28
    Staff Attributes(2012, 2014 Version) · 29
    Staff Tool의 세부 기능 · 30
    Add Group and Bracket... (보표 묶기) · 31

설정된 단(단선율 악보)에 새로운 단(피아노) 추가하기(2011 Version) · · · · · · · · · · · · 32
설정된 단(단선율 악보)에 새로운 단(피아노) 추가하기(2012, 2014 Version) · · · · · · 33
단과 단 사이 조절하기 · 33
단 숨기기 / 단 제거하기 · 34

10 셋잇단음표 만들기   35

11 음악의 맛을 내는 악상기호 1(Smart Shape Tool)   36
이음줄, 크레센도, 데크레센도, 글리산도 · 36

12 음악의 맛을 내는 악상기호 2(Articulation Tool)   37
Articulation 입력하기 · 37
새로운 Articulation 기호 만들기 · 38

13 음악의 맛을 내는 악상기호 3(Expression Tool)   39

14 도돌이표 넣기(Repeat Tool)   41

15 코드 입력하기(Chord Tool)   42

16 가사 쉽게 넣고 빼기(Lyrics Tool) — 43
가사(한글) 입력하기 — 43
"1. 가" 옆의 선 없애기 — 44
가사(영어) 입력하기 — 45
다국어 입력하기 — 45

17 제목&글자 쉽게 넣고 빼기(Text Tool) — 46
Text Tool의 세부 기능 — 46
Text 관련 단축키 — 46
페이지 번호 바꾸기 — 47
2개의 파일 페이지 번호 이어서 만들기 — 47

18 사이즈 조절의 모든 것(Resize Tool) — 49

19 악보를 더 보기 좋게(Page Layout Tool) — 50
Page Layout Tool의 세부 기능, 한 페이지 안에 단 개수 설정하기 — 50
페이지 사이즈 조절하기 — 51

20 음표의 세밀한 조정(Special Tool) — 52

21 단 가로지르기(Note Mover Tool)   54

Copy and Replace, Copy and Merge, Delete and Replace, Delete and Merge, Cross Staff   54

22 그림을 악보로, 악보를 그림으로(Graphics Tool)   56

Graphics Tool의 세부 기능   56
그림 파일 악보로 만들기   57
그림 파일 악보로 만들기(2014 Version)   58

23 오케스트라 파트보 만들기   59

24 그 외 기능   62

여러 개의 파일을 나열하여 보기, 화면 눈금자 만들기   62
View의 3가지 기능, 트레몰로 만들기   63
음 간격의 설정, 악보 재생하기   64
악보를 음원(wav, mp3)으로 만들기, Audio & MIDI setting   65
Display in Concert Pitch   66
마디 선 굵기 조절하기   67

Move/Copy Layers... 의 기능 · 68
타브 악보 만들기(2011 Version) · 69
타브 악보 만들기(2012, 2014 Version) · 70
마디 사이에 빈 공간을 만들고 Coda(D.C) / Dal Segno(D.S) 만들기 · 72
Split Measure(박자 마디 나누기) · 72
자동으로 이음줄(Slur) 붙이기 · 73
연습 과제 1 (단선율 동요 악보 그리기) · 74
연습 과제 2 (단선율 리듬 악보 그리기 1) · 75
연습 과제 3 (단선율 리듬 악보 그리기 2) · 76
연습 과제 4 (피아노 악보 그리기) · 77
연습 과제 5 (밴드 악보 그리기) · 78
연습 과제 6 (Orchestra 악보 그리기) · 79

연습 문제 및 그 외 문의 사항은 17717@daum.net으로 연락 주시면 답변 드리겠습니다.

01 프로젝트 파일 열기

1 한 단 악보 만들기(Default Document)

File → New → Default Document

2 원하는 악기 또는 여러 단 악보 만들기(Document with setup wizard)

File → New → Document with setup wizard

☆ 단축키 `Ctrl` + `N` (`Ctrl` : Mac버전에서는 `Ctrl` 대신 `cmd` 를 누릅니다.)

① `다음(N) >` 클릭

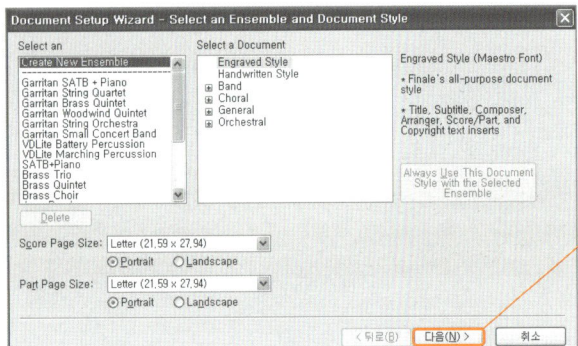

② 원하는 악기 선택 후 `Add >` 클릭, 그리고 `다음(N) >` 클릭

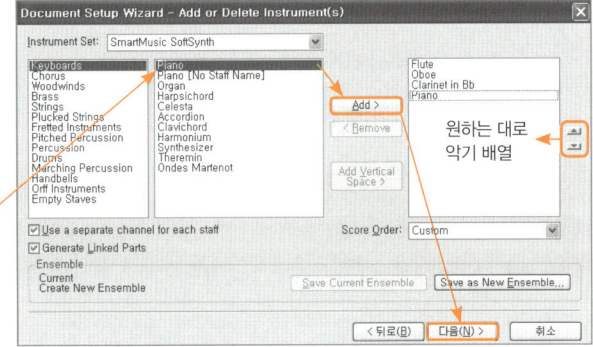

③ 제목, 부제목, 작곡, 작사가 입력 후 `다음(N) >` 클릭

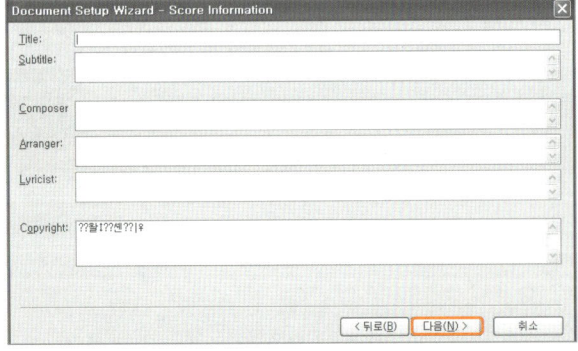

④ 박자, 조성, 템포 등을 선택한 후 `마침` 클릭

왼쪽의 예시와 같이 원하는 악기들로 구성된 악보를 만들 수 있습니다.
규모가 큰 Orchestra 악보도 만들 수 있습니다.

* 주의사항
피날레에는 기본 악기 배열이 미리 지정 되어 있습니다.
(순서 : 목관, 금관, 타악기, 건반악기, 현악기)

따라서 악기 배열을 직접 하지 않으면 피날레에 설정되어 있는 값으로 순서가 자동으로 바뀌므로 원하는 배열이 있다면 ▲ 이 버튼을 이용하여 악기 배열을 하면 됩니다.

* 참고
피날레 2011, 2012 버전과 2014 Main Tool 그림이 다릅니다.

02 🎵 음 입력하기 1(Simple Entry Tool) (이 기능을 추천합니다!)

각 자판에 **C=도, D=레, E=미, F=파, G=솔, A=라, B=시** 이렇게 구성되어 있습니다.

● 음표의 길이 조절

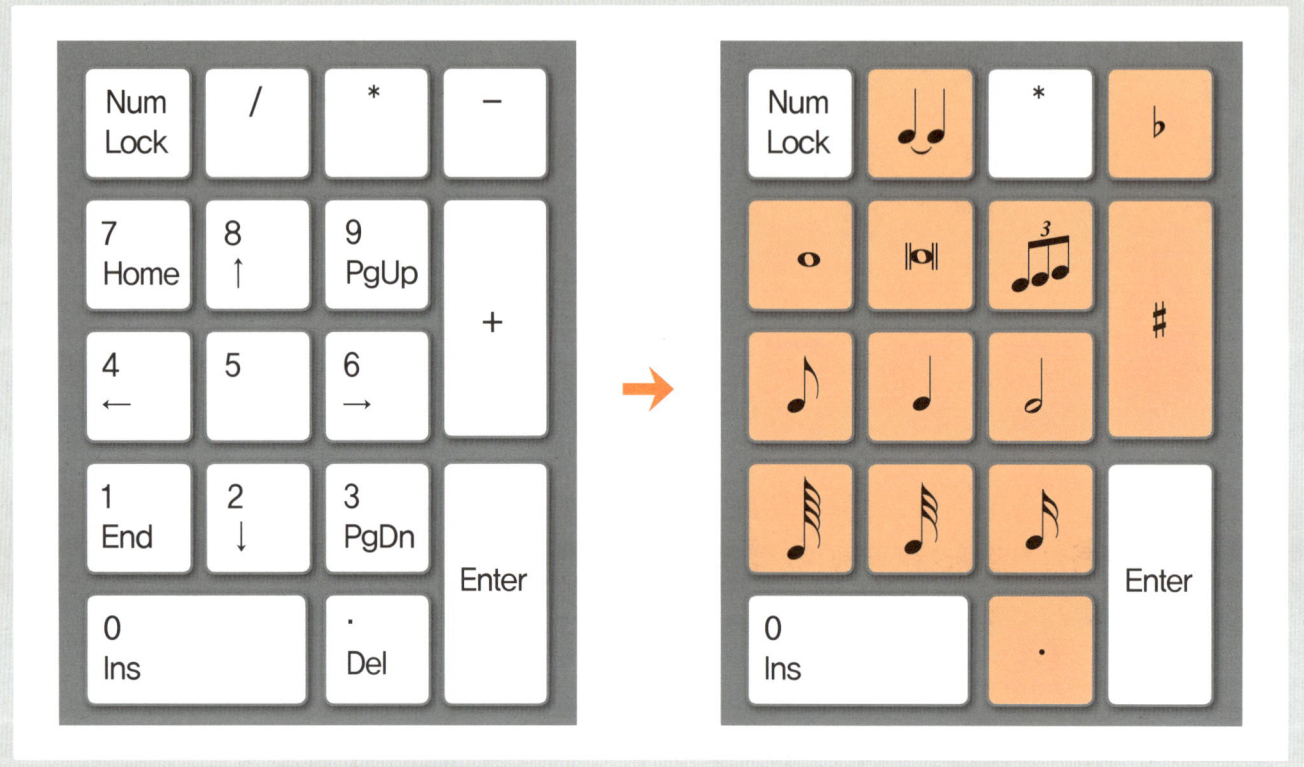

위의 그림과 같이 음표의 길이가 배정되어 있습니다.

숫자를 누르면 피날레 Simple Entry Palette(피날레 창 가장 왼쪽 부분)와 오선지의 음표 길이가 바뀌는 것을 알 수 있습니다.

또한 마우스로 Palette에 있는 다양한 길이의 음표들을 클릭하여 선택할 수 있습니다.

그러나 이 방법은 시간이 많이 걸린다는 단점이 있으므로 사용을 피하는 것이 좋습니다.

● 음 입력하기

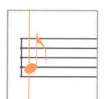 Simple entry 선택 ➡ 키보드에서 C, D, E, F, G, A, B를 선택하여 음을 입력합니다. 또한 마우스로도 음 입력이 가능합니다.

왼쪽의 그림은 음 입력의 시작점을 나타내는 것입니다.
음을 입력하면 자동으로 그림과 같이 음표 머리를 기준으로 선이 그려집니다.
항상 음표의 선이 있는 곳부터 입력이 되니 참고하시고, 입력 중 음표의 선이 사라질 경우 방향키(←, →)를 사용하여 위치를 찾은 후 입력하면 됩니다. * 참고 마우스로 찍으면 속도가 너무 느려지므로 꼭 타자로 입력하는 연습을 하세요.

● 임시표 입력하기

음(C, D, E, F, G, A, B)을 입력한 후 숫자 키의 [+] (#) 또는 [-] (♭) 버튼을 눌러 입력
(항상 음을 먼저 입력 후 임시표를 입력해야 합니다. 그렇지 않으면 임시표가 미리 적용되어 계속 음표 앞에 붙어서 나옵니다.)

● 부점 입력하기

음(C, D, E, F, G, A, B) 입력 후 [Del] 버튼을 눌러서 부점을 입력합니다.
(항상 음을 먼저 입력한 후 [Del]를 눌러서 입력합니다. [Del]가 미리 적용되어 계속 점이 붙은 음이 입력됩니다.)
* 참고 미리 붙은점 빼는 방법 – 키패드 숫자 두 번 누르기 / 마우스로 점 클릭해서 빼기

● 화음 쌓기 : 음 입력 후 1, 2, 3, 4, 5, 6, 7, 8을 사용하여 음위에 화음을 만들 수 있습니다(Simple entry만 적용 가능).
* 참고 아래로 화음을 쌓는 방법 – [Shift] + [숫자]

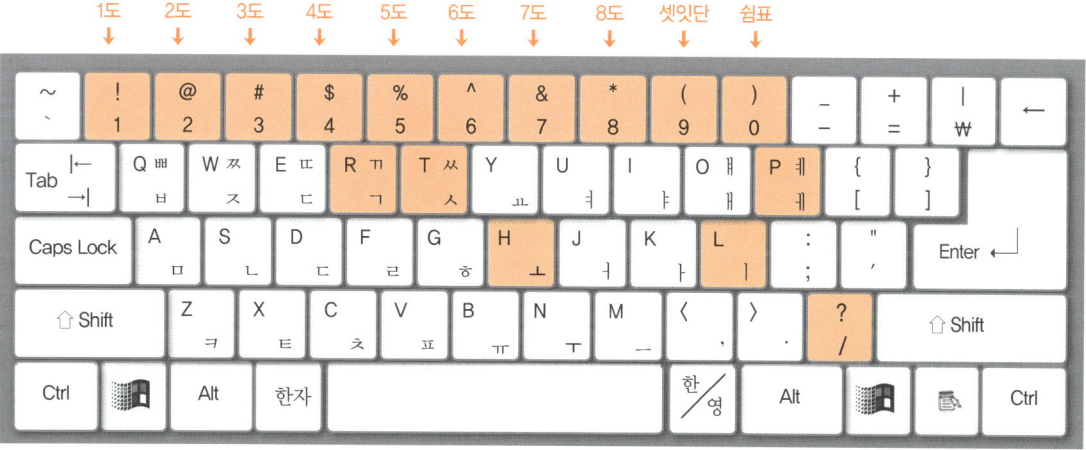

● **셋잇단음표 입력하기**(뒤쪽에서 다시 한 번 다루겠습니다.)

음(C, D, E, F, G, A, B) 입력 후 숫자 9번을 누른 후 음을 입력합니다.

* **주의사항** 항상 음을 먼저 입력 후 셋잇단음표(숫자 9번)를 입력해야 합니다.
9번을 먼저 누른 후 입력하게 되면 셋잇단음표가 미리 적용되어 계속 셋잇단음표로 입력됩니다.)

03 음 입력하기 2(Speedy Entry Tool)

Speedy entry를 선택하면 그림과 같은 모양이 나타납니다.

이 상태에서 방향키 ↓, ↑, ←, →를 움직여 계이름과 음의 위치를 조정하고, 숫자 자판을 사용하여 원하는 음의 길이를 입력합니다. 임시표(#, ♭)와 부점의 입력은 위의 내용과 같고, 자판의 S = #, F = ♭로도 사용합니다. Tie는 '=' 키로도 입력 가능합니다.

* **참고** Speedy entry Tool 사용 시 처음에 쉼표만 입력되는 경우가 있을 것입니다.
이땐 메뉴바에서 Speedy를 클릭하여 Use Midi Device For Input 체크를 해제하면 음표로 입력이 됩니다.

● **음 지우기**
① Delete : 입력한 음 지우기
② Undo : 방금 편집한 내용의 이전 단계로 되돌리는 방법 (단축키 : Ctrl + Z)
　Redo : 이전 단계로 되돌린 것을 또 다시 취소하는 방법 (단축키 : Ctrl + Y)

* **그 외 다른 단축키**
① L : 음표 기둥 위 아래로 바꾸기
② ? or / : 꼬리 떼고 붙이기
③ H : 음표 숨기기(Hide)
④ P : 음표에 강제로 임시표 붙이기. 한 번 누르면 ( ), 두 번 누르면 ( )가 사라짐

⑤ R : 쉼표(Rest)
⑥ T or 숫자키패드 / : 붙임줄(Tie)

- 쉽게 하는 활용 Tip : Ctrl + ? 의 기능 모음 (Ctrl : Mac 버전에서는 Ctrl 대신 cmd 를 누릅니다.)

  ① Ctrl + C : 복사하기
  ② Ctrl + V : 붙여넣기
  ③ Ctrl + X : 오려두기
  ④ Ctrl + P : 인쇄하기
  ⑤ Ctrl + Z : 전 단계로
  ⑥ Ctrl + Y : 전 단계로 취소
  ⑦ Ctrl + E : 단 보는 방법 선택 (Scroll View or Page View)
  ⑧ Ctrl + W : 피날레 끄기
  ⑨ Ctrl + S : 저장하기
  ⑩ Ctrl + A : 전체 선택
  ⑪ Ctrl + O : 파일 열기
  ⑫ Ctrl + N : 원하는 악기 또는 여러 단 만들기 (Document with setup wizard)
  ⑬ Ctrl + M : 한 단의 마디 수 설정하기
  ⑭ Ctrl + + , − : 화면 크게 하기
  ⑮ Ctrl + K : 새로운 단 추가 (2012, 2014버전)
  ⑯ Ctrl + L : 가사 창 보기(Lyric Tool 선택중에)

- 화음 위, 아래로 이동하기 / 위, 아래 단으로 음 이동하기 : 음 선택 후 Ctrl + 방향키 ↑ , ↓

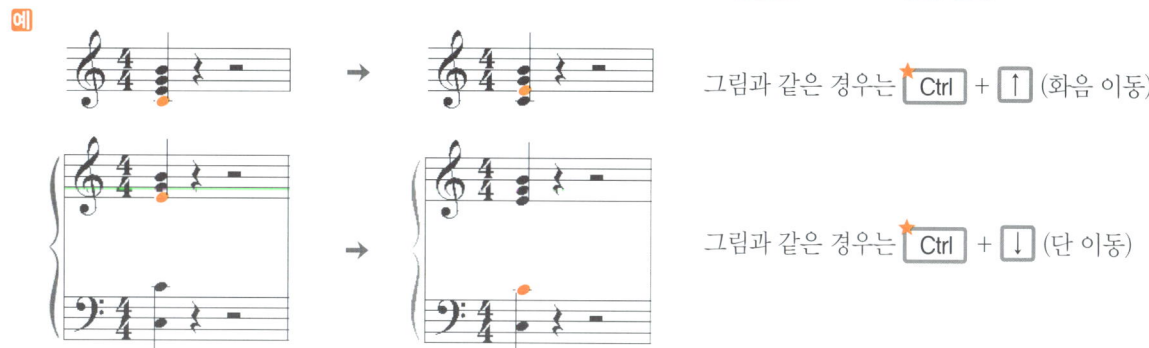

  그림과 같은 경우는 Ctrl + ↑ (화음 이동)

  그림과 같은 경우는 Ctrl + ↓ (단 이동)

- 성부 나누기(Layer 1, 2, 3, 4)

  − 그림과 같이 1성, 2성 성부를 나누는 기능입니다.
  − 단축키 : PC − Alt + Shift + 1 , 2 , 3 , 4 / Mac − cmd + option + 1 , 2 , 3 , 4 를 사용하여 성부를 나눌 수 있고 또는 화면 왼쪽 하단에 1 2 3 4 를 마우스로 클릭하여 성부를 나눌 수 있습니다.

  예 처음엔 항상 Layer 1번으로 선택되어 있습니다. Layer 1에 위 성부를 입력합니다.
  2번 클릭 또는 Alt + Shift + 2 / cmd + option + 2 로 성부를 바꾸고 입력하면 아래 성부가 입력됩니다.

04 간편한 선택기능(Selection Tool)

- **마디 선택하기** : 왼쪽 마우스 버튼
- **화면 이동하기** : PC – 오른쪽마우스버튼(손바닥모양) / Mac – cmd + opt(손바닥모양) 상태에서 화면을 이동합니다.
- **음 수정하기**

    음을 잘못 입력한 경우 (Selection Tool) 또는 (Measure Tool)을 선택한 상태에서
    해당 음의 머리를 더블클릭한 후 방향키 ↑ , ↓ 를 사용하여 음높이 이동

- **마디 옮기기**

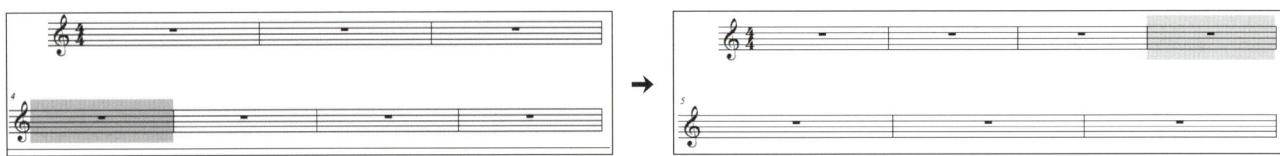

Selection Tool을 선택한 상태에서 방향키 ↑ , ↓ 를 사용하여 마디를 옮깁니다.
위 그림의 경우는 4번째 마디를 방향키 ↑ 를 사용하여 윗단으로 옮겨진 것을 알 수 있습니다.

- **음 Transpose(이조)하기**

    (Selection Tool)을 선택한 상태에서 숫자 키패드 6 , 7 , 8 , 9 버튼을 이용해 음을 Transpose(이조)할 수 있습니다.

- 6번 – 음을 한 음씩 내리는 기능
- 7번 – 음을 한 음씩 올리는 기능
- 8번 – 음을 옥타브 내리는 기능
- 9번 – 음을 옥타브 올리는 기능
- 1번 – 음이 복사된 한 단 추가하는 기능
- 2번 – 음이 복사된 두 단 추가하는 기능(2번은 원하는 만큼 추가할 수 있습니다.)

***참고** 다른 기능을 사용 중에 ESC 버튼을 두 번 누르면 Selection Tool로 자동 이동
또한 화면에 오류가 있을 경우 Ctrl + D 를 누르면 화면이 refresh 됩니다.

05 조바꿈 따라하기(Key Signature Tool)

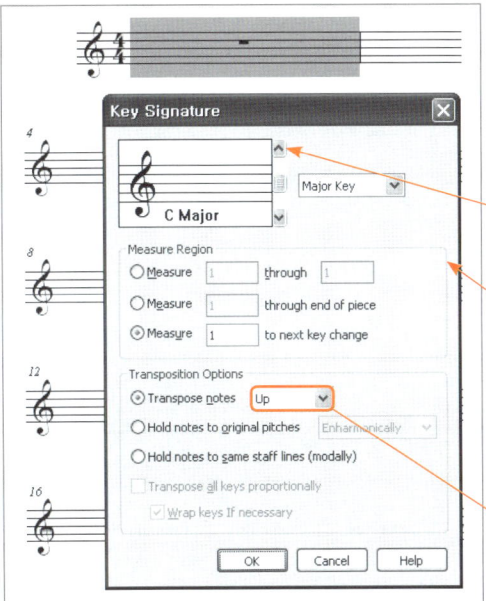

● 조성 바꾸기①

→ Key Signature Tool을 선택한 상태에서 바꾸고자 하는 마디를 더블 클릭 합니다.

→ 왼쪽 그림과 같이 Key signature 창이 나옵니다.

→ C Major 옆에 ▲, ▼ (위, 아래) 버튼을 이용해서 조성을 바꿉니다.
  ▲ (위)버튼은 # 계열이고, ▼ (아래)버튼은 ♭ 계열입니다.

→ 조성을 바꾼 후 OK 를 누르면 조성이 바뀝니다.

Measure Region 섹션
- Measure 1 through 1 : 1마디부터 원하는 마디까지 Key 변경
- Measure 1 through end of piece : 1마디부터 끝까지 Key 변경
- Measure 1 to next key change : 1마디부터 다음 Key 바뀌는 부분 전까지 Key 변경

Transpose Option 섹션
- Transpose note : Up, Down의 선택에 따라 기존의 조성에서 Key가 올라가고 내려갑니다.

  * **주의사항** 보통 Up, Down을 신경 쓰지 않고 조성을 바꾸는 경우가 많습니다.
  주의하지 않으면 음을 내리려다 오히려 음이 위로 올라갈 수 있습니다.

- Hold notes to original pitches : 음은 그대로, 조성만 바뀌는 기능입니다.

  예 C 장조에서 계속적으로 F# 음이 나온다면 그 곡은 C 장조 곡이 아니고 G 장조 곡으로 볼 수 있습니다. F# 음에 #을 모두 빼고 G 장조로 바꾸고자 한다면 Hold notes to Original pitches를 체크하고 조성을 G Major로 바꾸면 F# 음에 #이 모두 빠지고 G 장조로 바뀌게 됩니다.

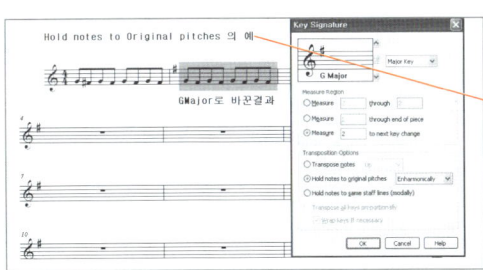

● 조성 바꾸기②

원하는 마디 클릭 오른쪽 마우스 클릭   C key에서 G key로 바뀐 것을 확인할 수 있습니다.

 →

● 조성 바꾸기③

　　(Selection Tool)을 선택한 상태에서 원하는 마디 클릭 → 오른쪽 마우스 클릭 → key 변경

06 박자를 내 맘대로(Time Signature Tool)

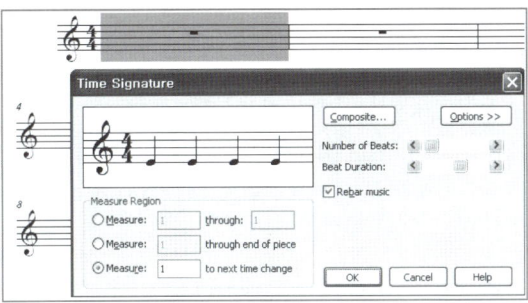

● **박자 바꾸기①**

→ 그림과 같이 (Time Signature Tool)을 선택한 상태에서 바꾸고자 하는 마디를 더블클릭합니다.

→ Time Signature 창이 나옵니다.

  예 6/8박자 만들기
  → Number of Beats : 박자의 개 수를 바꿀 수 있습니다.
       ▶ 버튼을 2번 클릭
  → Beat Duration : 음표의 길이를 바꿀 수 있습니다.
       ◀ 버튼을 2번 클릭
  → OK 버튼을 클릭하면 6/8박자를 만들 수 있습니다.

*참고 Measure Region 섹션은 앞의 조성 바꾸기 기능에서 다루었습니다.
       앞의 내용을 참고하세요!(17p)

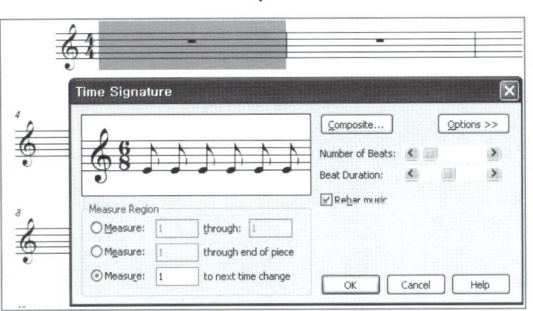

* **활용 Tip** 4/4박자를 **C** 로 바꾸는 방법

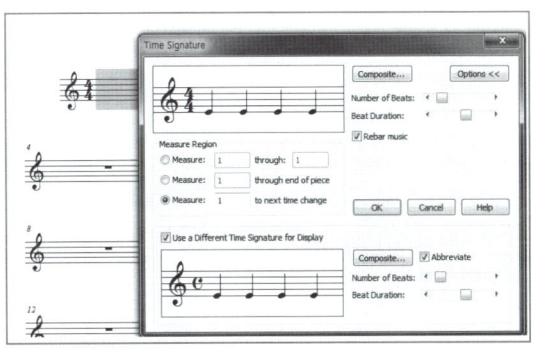

→ 마디 더블클릭
→ Options << 클릭
→ ☑ Use a Different Time Signature for Display 체크
→ ☑ Abbreviate 체크
→ OK 클릭
  이렇게 하면 4/4에서 **C** 로 바뀝니다.

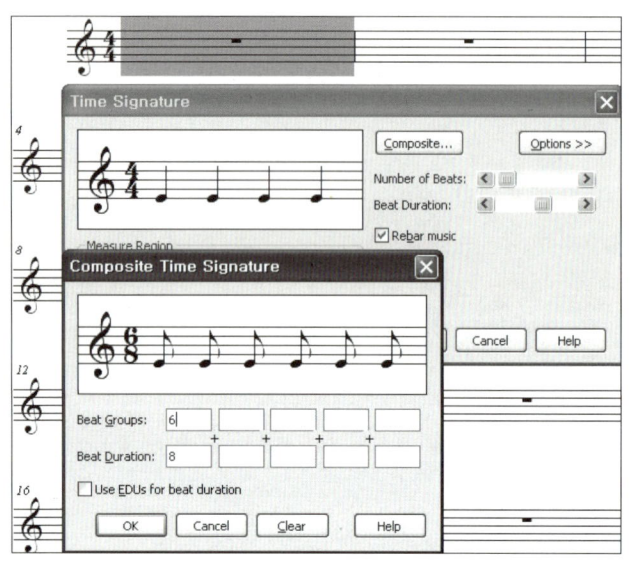

- **박자 바꾸기②**
  → Composite... 를 누르면
    Composite Time Signature 창이 나옵니다.
  → Beat Groups에 6을 입력합니다.
  → Beat Duration에 8을 입력합니다.
  → OK 버튼을 클릭하면 6/8박자를 만들 수 있습니다.

- **박자 바꾸기③**
  → 선택 후 마디를 클릭한 뒤 오른쪽 마우스 클릭

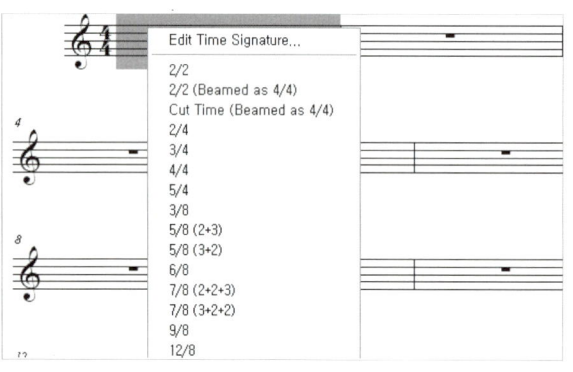

- **박자 바꾸기④**
  → 선택 후 마디를 클릭한 뒤 오른쪽 마우스 클릭

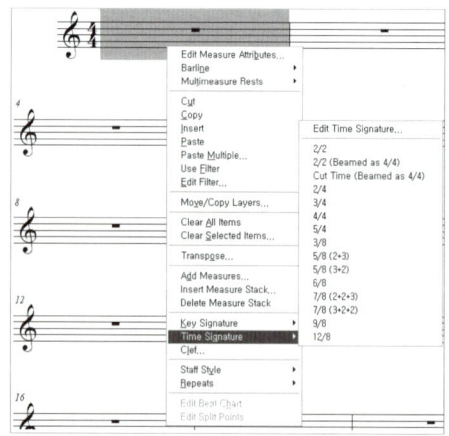

● 못갖춘마디 설정하기 ①

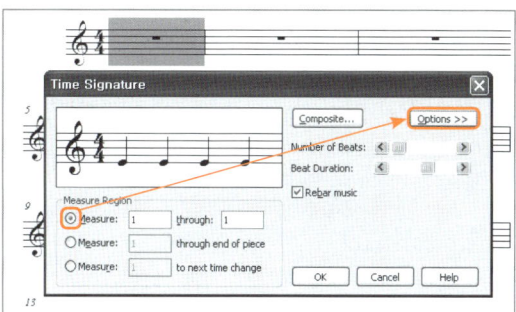

→ 첫 번째 마디 선택 후 더블클릭
→ Measure [1] through [1] 에 체크
→ [Options >>] 버튼 클릭

↓

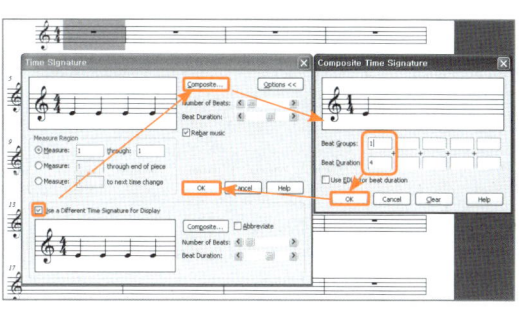

→ ☑ Use a Different Time Signature for Display에 체크를 해야 원래의 $\frac{4}{4}$박자로 표기가 됩니다. 그렇지 않으면 박자가 $\frac{1}{4}$로 표기됩니다.
→ 윗부분 [Composite...] 클릭
→ Beat Groups : 1, Beat Duration : 4 입력
→ [OK] 버튼 클릭
→ 창을 닫은 후 다시 [OK] 버튼 클릭

↓

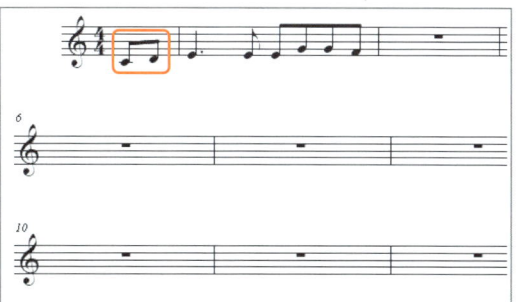

→ 이렇게 첫 번째 마디에 못갖춘마디가 설정된 것을 알 수 있습니다.

*참고 꼭 첫째 마디만 적용되는 것이 아니라
중간에도 못갖춘마디를 설정할 수 있으니 참고하세요!

박자를 내 맘대로(Time Signature Tool)

● 못갖춘마디 설정하기 ②

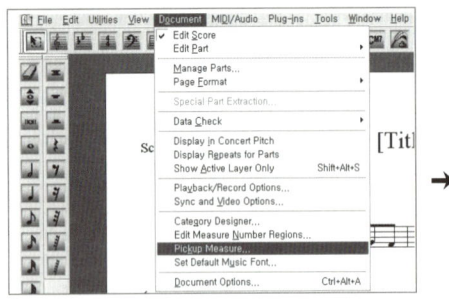

→ 첫 번째 마디를 선택
→ Document 선택
→ Pickup Measure... 선택

→ Pickup Measure 창이 나타납니다.
→ 4분 음표 선택
→ OK 버튼 클릭

* **주의사항** 못갖춘마디 설정 방법 ②의 경우는 처음 마디에만 설정이 가능합니다.
 악보 중간에 못갖춘마디를 설정하려면 못갖춘마디 설정 방법 ①로 해야 합니다.

● 못갖춘마디 해제하기

→ Clear Pickup 클릭

07 음자리표를 내 맘대로(Clef Tool)

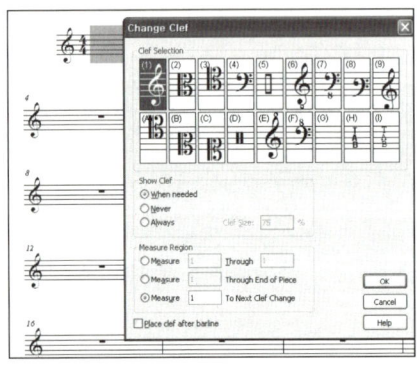

→ Clef Tool을 선택 후 바꾸고자 하는 마디 더블클릭
→ 바꾸고자 하는 조표 더블클릭 또는 선택 후 OK 버튼 클릭

* **참고** 음자리표 위에 (1), (2), (A), (B)... 이런 숫자와 영어들이 단축키입니다. 예를 들어 (Clef Tool)를 선택한 상태에서 숫자 (4)를 누르고 클릭하면 마디 안의 원하는 곳(1박, 2박, 3박, 4박)에 음자리표가 바뀌고 마디를 클릭한 상태에서 숫자를 누르면 1박자에만 음자리표가 바뀝니다.

Measure Region 섹션은 앞의 조성 바꾸기 기능에서 다루었습니다.
앞의 내용을 참고하세요! (17p)

08 마디로 할 수 있는 모든 것(Measure Tool)

● 세로줄 바꾸기

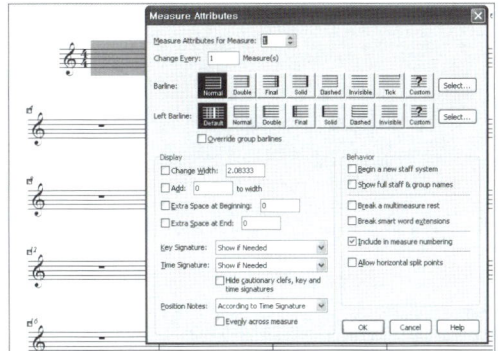

→ Measure Tool을 선택 후, 마디를 더블클릭
→ Measure Attributes 창이 나옵니다.
→ Double, Final 등 원하는 것을 선택
→ OK 버튼 클릭

* 참고 Measure Attributes 창에는 Barline과 Left Barline이 있습니다.

  Barline: 일반적으로 마디를 더블클릭했을 때 해당 마디 오른편의 세로줄이 바뀌게 됩니다.

  Left Barline: 여러 단으로 되어 있을 경우 페이지의 처음 마디에 기호가 적용됩니다. 한 단짜리는 적용이 되지 않습니다.

key signature: Show If Needed 를 Always Show 로 바꾸면 왼쪽 그림과 같이 중간에 조표를 넣을 수 있습니다.

Time signature: Show If Needed 를 Always Show 로 바꾸면 왼쪽 그림과 같이 중간에 박자표를 넣을 수 있습니다.

☑ Hide Cautionary Clef, key and Time signatures에 체크를 하면 9마디에 있는 Clef, key and Time signatures를 없앨 수 있습니다($\frac{3}{4}$를 없애고 싶을 때).

● 마디 묶기

영역 선택 후 오른쪽 마우스 클릭 Multimeasure Rests → Create 선택 (오케스트라 파트보에 많이 사용)

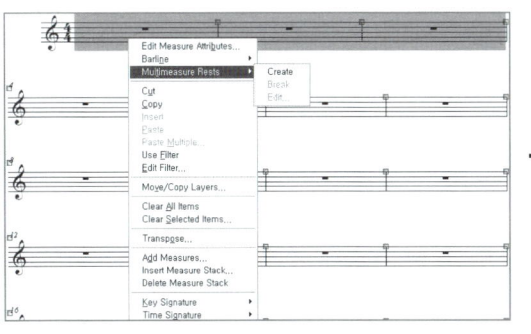 →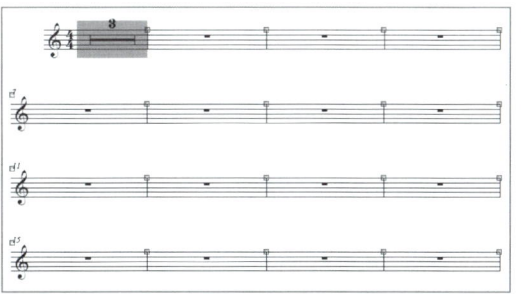

* 참고 마디를 여러 개 선택하는 방법: 1. 마우스로 드래그 / 2. Shift 버튼을 누른 상태에서 첫 번째 마디와 세 번째 마디를 클릭

● 묶인 마디 숫자 넣기

→ 🔲 Measure Tool을 선택

→ <u>M</u>easure 클릭 → <u>E</u>dit Measure Number Regions... 클릭 또는
   단축키 : PC – [Alt] + [M] + [E]

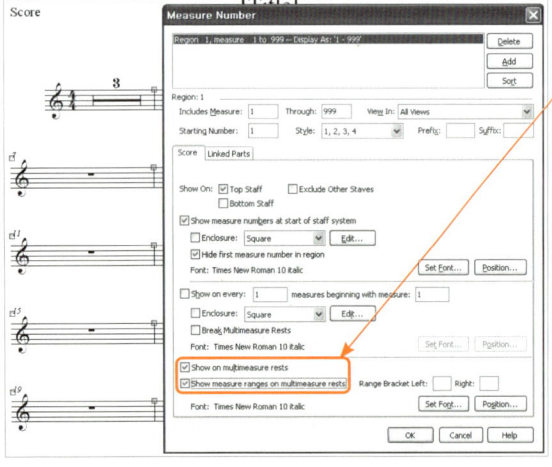

→ ☑ Show on multimeasure rests에 체크
→ ☑ Show measure ranges on multimeasure rests에 체크
→ [OK] 버튼 클릭

→ 그림과 같이 숫자가 나오는 것을 알 수 있습니다.

* **참고** 가끔 마디 번호를 선택한 후 잘못하여 번호를 지우거나 마디 번호가 없는 경우
(번호가 흐릿하게 됨)가 있습니다.
이 경우 [Ctrl] 키를 누른 상태에서 마디를 클릭하면 다시 번호가 나옵니다.
(번호가 진하게 됨) Mac은 [option] 입니다

● 마디 추가하기(Add Measures / Insert Measure Stack..)

Add Measures : 마디의 뒷부분이 추가되는 기능(제일 마지막 14마디가 15마디로 바뀌는 것을 확인할 수 있습니다.)

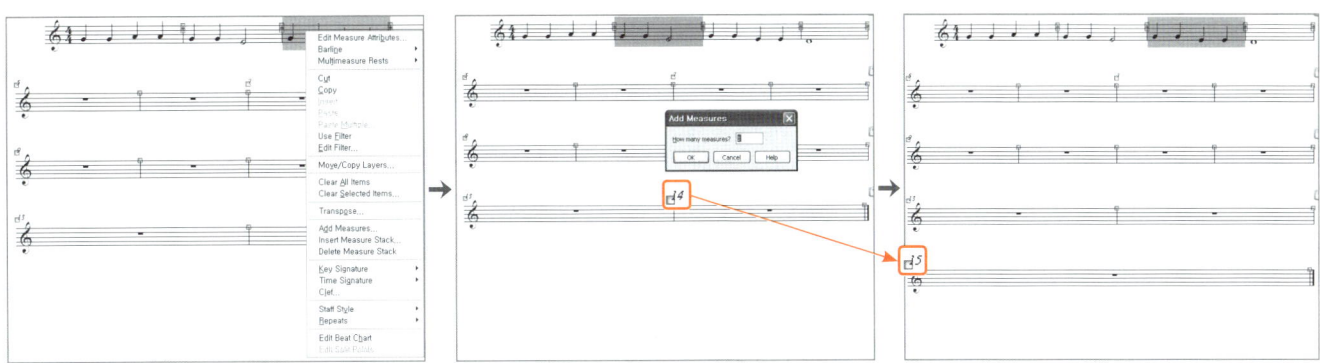

Insert Measure Stack.. : 선택한 마디 앞에 마디를 추가하는 기능

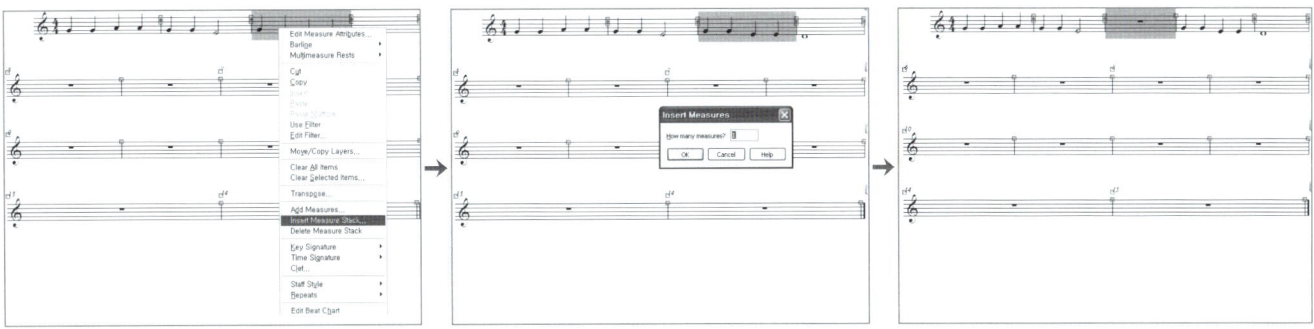

● 전체 마디에 번호 넣기

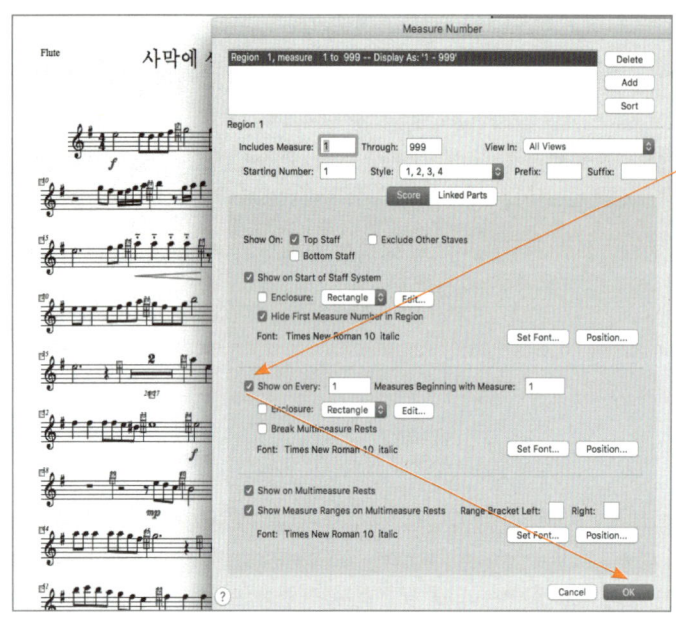

→ Measure Tool을 선택 후, 메뉴바의 Measure를 클릭 후 Edit Measure Number Regions... 선택

→ Measure Number 창이 나옵니다.

→ ☑ Show on Every: [1] Measure Beginning with Measure: [1] 여기에 체크를 하면 모든 마디에 번호가 나옵니다.

→ [OK] 버튼 클릭

→ ☐ Enclosure: Square 여기에 체크를 하면 번호에 네모 박스(□)가 생깁니다. Rectangle을 클릭하면 원, 삼각형, 오각형… 등 여러 가지 모양을 만들 수 있습니다.

→ [Set Font...] 에서는 번호의 크기를 조절할 수 있습니다.

* Tip 실제 악기를 녹음하는 경우 전체 마디에 번호를 넣는 것이 좋습니다. 왜냐하면 연주자들이 마디를 셀 때 금방 그 마디를 찾을 수 있기 때문에 녹음하는 경우 전체 마디에 번호를 넣어주세요.

→ 마디의 번호를 일정한 간격으로 표시하려면

☑ Show on Start of Staff System 에 체크를 빼고

☑ Show on Every: [1] Measures Beginning with Measure: [1] 에

숫자를 넣으면 됩니다.

ex) 5마디 간격으로 마디 번호를 넣고 싶다면

[1] 에 5를 넣으면 됩니다.

● 마디번호 중간에 바꾸기

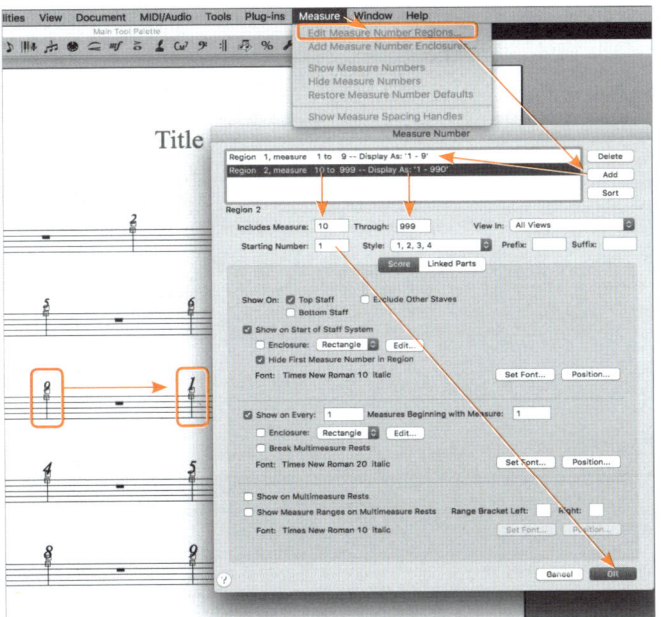

→ 🖼 Measure Tool 선택

→ 메뉴 바 <u>M</u>easure → <u>E</u>dit Measure Number Region.. 선택

→ Measure Number 창에서 [Add] 선택

→ Region 1, measure 1 to 9 -- Display As: '1 - 9' 선택

→ Includes Measure: [1] Through: [999]의 999를 "9"로 바꾼다.

→ Region 2, measure 10 to 999 -- Display As: '1 - 990' 선택

→ Includes Measure: [1] Through: [999]의 1을 "10" 으로 바꾼다.

→ Starting Number: [1]로 설정

→ 9마디 다음 1마디로 설정된 것을 확인할 수 있습니다.

→ [OK] 선택

* **참고** Starting Number를 3으로 설정하면 9마디 다음으로 3마디가 인식됩니다.

   [Set Font...]를 통해 숫자 크기를 변경하였습니다.

09 다양한 오선 설정 따라하기(Staff Tool)

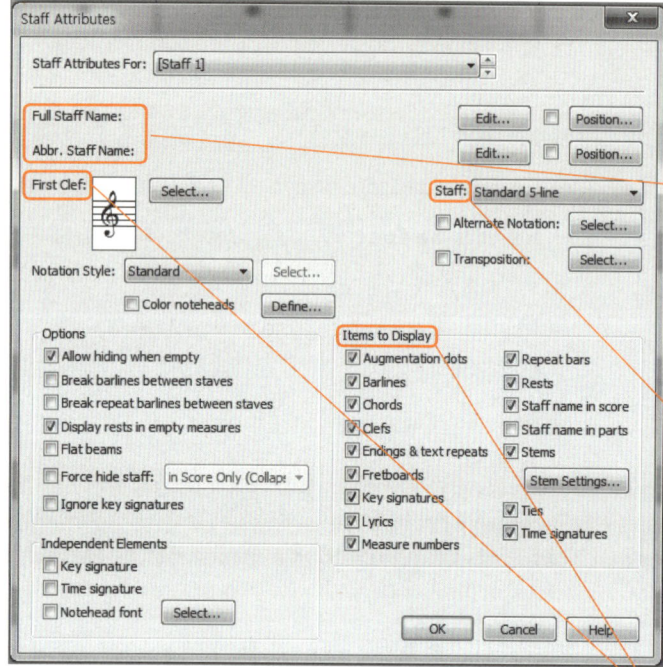

- **Staff Attributes(2011 Version)**
  - 마디 선택 후 오른쪽 마우스를 눌러서 Edit staff Attributes... 을 선택하거나, 마디를 더블클릭하면 Staff Attributes 창이 나옵니다.
  - Full Staff Name : 제일 첫 번째 단 앞에 이름이 나오는 부분을 말합니다.
    예 Flute (전체 이름) Edit... 에서 수정을 할 수 있습니다.
  - Abbr. Staff Name : 두 번째 단부터 이름이 나오는 부분을 말합니다.
    예 Fl. (약식 이름)
  - Staff : 5선지의 종류를 바꾸는 부분입니다.
    예 5선, 1선, 0선 등으로 바꿀 수 있습니다.

* 참고 2012, 2014 버전의 First Clef와 Staff는 Score manager Ctrl + K 에서 바꿀 수 있습니다.

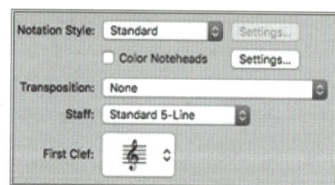

  - First Clef : 음자리표를 바꾸는 부분입니다.
  - Item to Display : ☑ 체크 여부에 따라 그 단의 기능이 비활성화, 활성화 됩니다.
    예 ☐ Clef 이렇게 체크를 풀면 그 단의 음자리표가 사라집니다.

● Staff Attributes(2012, 2014 Version)

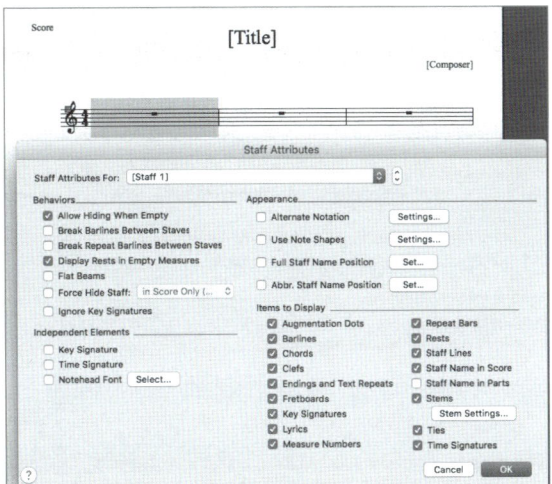

→ 2012, 2014 Version은 왼쪽 그림과 같이 마디 클릭 후 더블클릭하면 그림과 같이 Full Staff Name과 Abbr. Staff Name의 이름을 수정하는 곳이 없습니다.

→ 그래서 1마디 왼쪽 상단의 □를 클릭
오른쪽 마우스 클릭 후
Edit full Staff Name... 또는 Edit Abbreviated Staff Name..에서 수정을 해야 합니다.

● Staff Tool의 세부 기능

Staff Tool을 선택한 상태에서 오른쪽 마우스를 누르면 다음과 같은 창이 나옵니다.

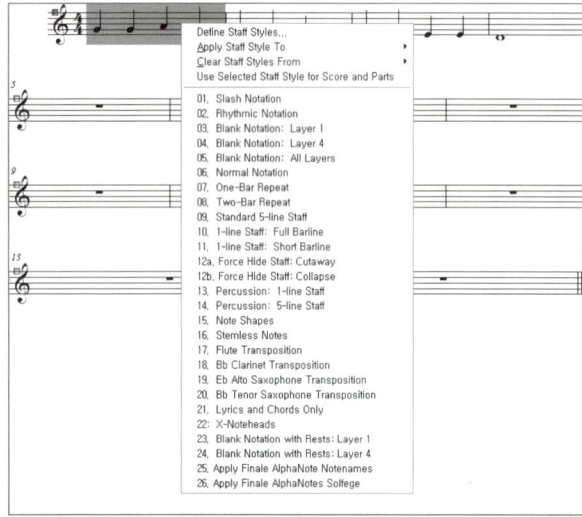

그림과 같은 상태에서 주로 사용하는 기능의 변화를 알아보겠습니다!

01. Slash Notation

02. Rhythmic Notation

03. Blank Notation: Layer1, 4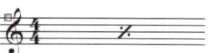

07. One-Bar Repeat

08. Two-Bar Repeat

10. 1-line Staff: Full Barline

11. 1-line Staff: Short Barline

12. Force Hide Staff: Cutaway

15. Stemless Notes

17. X-Noteheads

22. Apply Finale AlphaNote Notenames

* Tip 단축키를 외워서 사용한다면 훨씬 편하게 기능을 사용할 수 있습니다.
원래 상태로 되돌리고 싶다면 Clear Staff Style From → Score and Parts를 클릭합니다.

30

● Add Group and Bracket...(보표 묶기)

그림과 같이 두 단이 있습니다. 이 두 단을 묶어보도록 하겠습니다.

→ 높은음자리표 앞에 □ 선택
→ 오른쪽 마우스 클릭
→ Add Group and Bracket... 선택

↓

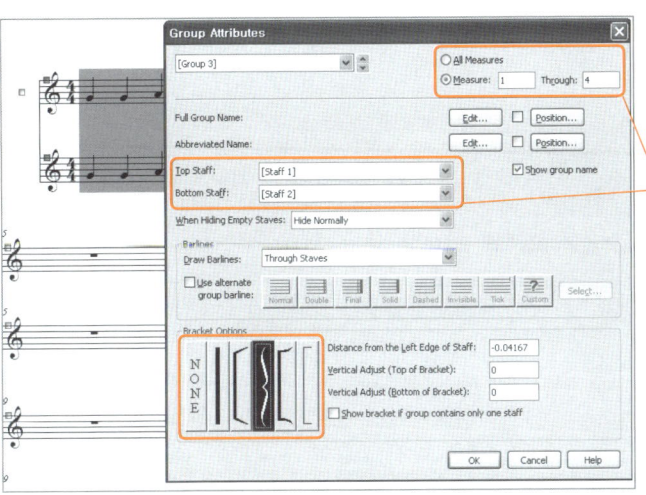

→ Bracket Options 안에서 원하는 모양 선택
→ OK 버튼 클릭

> Top Staff : 제일 윗 단을 나타냅니다.
> Bottom Staff : 제일 아래 단을 나타냅니다.

예 Top Staff : Staff 1부터
Bottom Staff : Staff(2, 3, 4...)까지 선택에 따라 그림과 같이 1~2 Staff 그룹 또는 1~3 Staff 그룹을 만들 수 있습니다.

> All Measure : 전체 마디에 그룹 생성
> Measure 1 Through 4 : 지정된 마디에 그룹 생성

→ OK 버튼을 클릭하고 나면 단의 앞이 묶이는 것을 알 수 있습니다.

31

● 설정된 단(단선율 악보)에 새로운 단(피아노) 추가하기(2011 Version)

옆의 그림과 같이 단선율 악보가 있습니다.
단선율 악보에 피아노 악보를 추가하고자 합니다.

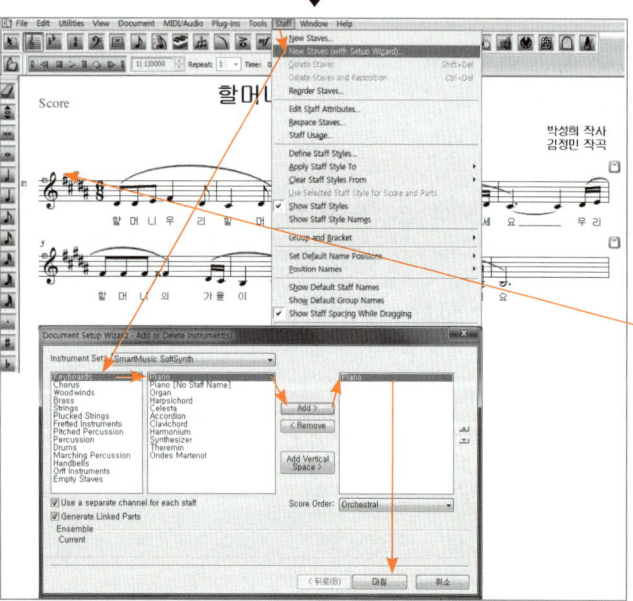

옆의 그림과 같은 순서대로 진행하면 피아노 악보가 생성됩니다.

→ Staff Tool 선택

→ S̲taff 선택

→ New Staves (with Setup Wiz̲ard)….

→ 악기 선택(Piano)

→ 마침

* **참고** 화살표를 따라 가보면 높은음자리표 옆에 □가 보입니다.

    □ 체크의 여부에 따라 새로운 단이 추가되는 위치가 달라집니다.

    예 체크 × : 악보의 가장 아래에 새로운 단 생성

    체크 ○ : 체크된 바로 위에 새로운 단 생성

- 설정된 단(단선율 악보)에 새로운 단(피아노) 추가하기(2012, 2014 Version) : 단축키 Ctrl + K

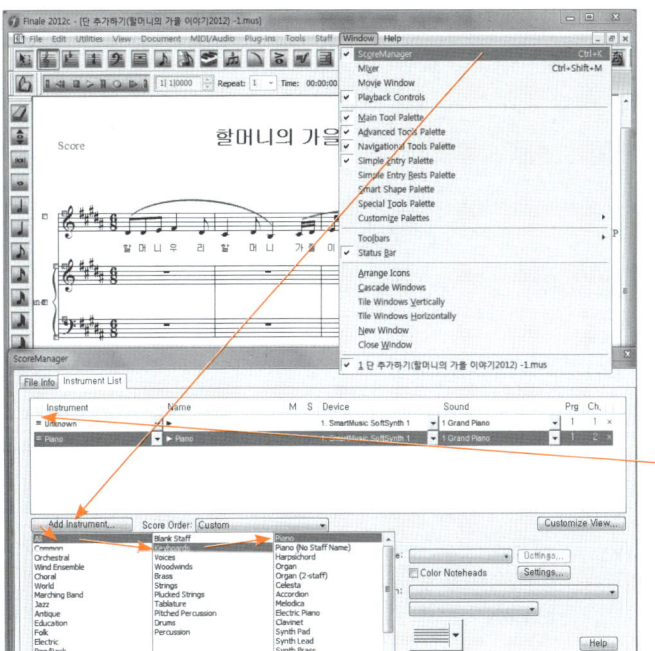

옆의 그림과 같이 단선율 악보가 있습니다.
단선율 악보에 피아노 악보를 추가하고자 합니다.
→ Window 선택
→ ScoreManager 선택
→ Add Instrument.. 선택
→ All → Keyboards → Piano 더블클릭
→ Instrument List와 악보에 Piano가 생성됨

옆의 그림과 같이 순서대로 진행하면 피아노 악보가 생성됩니다.

* **참고** ≡ 이 기호를 클릭 후 누른 상태에서 위, 아래로 이동하면 악기의 위치를 바꿀 수 있습니다.

- 단과 단 사이 조절하기

위의 그림을 참고하여 단을 내려 보겠습니다.
→ (Staff Tool) 선택
→ 동그라미 안의 □를 선택합니다.
→ □ 선택 후 아래로 끌어 내립니다.
→ 값이 1.19″로 변했습니다.

Vln. 1.19″, Va. 0.94″ 이렇게 수치가 적혀있습니다. 이것은 단과 단의 간격을 수치로 표시한 것입니다.
이와 같이 원하는 단 음자리표 앞의 네모를 선택하여 위 아래로 이동해 단 사이를 조절합니다.

● 단 숨기기 / 단 제거하기

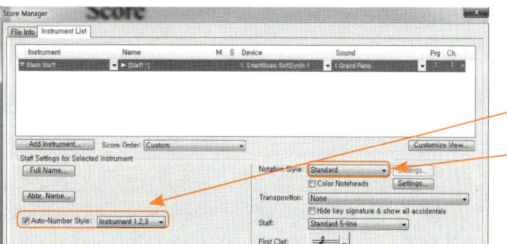

다음 순서에 맞게 단을 숨겨 보겠습니다.
→ 🎼 (Staff Tool) 선택
→ 원하는 단의 □를 선택한 후 오른쪽 마우스 클릭
→ Hide Empty Staves를 선택
→ 아래 그림과 같이 피아노 단만 생성

다음 순서에 맞게 단을 제거해 보겠습니다.
→ 🎼 (Staff Tool) 선택
→ 원하는 □를 선택한 후 오른쪽 마우스 클릭
→ Delete Staves 또는 Delete staves and Reposition 선택

* **주의사항** Delete Staves : 그 단 위치의 공간을 그대로 두고 삭제

Delete staves and Reposition :
단을 삭제한 후 자동으로 윗단들과 같은 값으로 간격 유지. 이 기능을 잘못 선택할 경우 단 제거 후 공간이 생기므로 주의하여 사용해야 합니다.

* **참고** 옆의 단의 왼쪽 하단을 오른쪽 마우스 클릭하면 숨겼던 단이 Show Conga 처럼 이름이 생성 됩니다. Show Conga를 클릭하면 숨겼던 단을 다시 볼 수 있습니다.

* **참고** 같은 악기를 추가했을 때 악기 이름 뒤에 1 또는 I 문자를 지우는 방법은 AUTO – Number Style 체크를 해제합니다.

Percussion 악기를 선택했을 때 원하는대로 음높이를 넣고 싶을 때는 Notation Style에서 Percussion → Standard로 변경합니다.

10. 셋잇단음표 만들기

셋잇단음표를 만들 때에는 [아이콘] 기능을 눌러서 사용하는 것 보다
[아이콘](Simple Entry)를 선택한 상태에서 음 입력 후 `9`번을 누르면 셋잇단음표를 만들 수 있습니다.

또한 [아이콘](Speedy Entry)를 선택한 상태에서
원하는 위치에 커서를 놓고 PC - `Ctrl` + `3` / Mac - `option` + `3` 을 누르면 셋잇단음표를 만들 수 있습니다.

* **참고** 4, 5, 6, 7잇단음표 만드는 방법
  Speedy entry를 선택한 상태에서 원하는 박에 커서를 옮기고
  Pc - `Ctrl` + `4`, `5`, `6`, `7` / Mac - `option` + `4`, `5`, `6`, `7` 을 누르면 원하는 잇단음표를 만들 수 있습니다.

그림과 같은 셋잇단음표 만들기

- [악보] (첫 번째 박) : [아이콘](Simple entry)를 선택한 상태에서 8분 음표 선택
  ➔ 음 입력 후 숫자 `9`번 입력
  ➔ [악보] 가운데 음 지우기
  ➔ 마우스로 4분 음표 선택 후 첫 번째 음 클릭

- [악보] (네 번째 박) : 네 번째 박은 위에 설명한 방법으로 만들어지지 않습니다.
  다음과 같은 방법으로 만들 수 있습니다.

➔ [아이콘] Speedy entry를 선택

➔ `Ctrl` + `3` / `option` + `3` 을 누르기 [악보]

➔ 숫자 키 `5`번(4분 음표), `4`번(8분 음표)을 누르면 만들 수 있습니다.

* **참고** Selection Tool 상태에서 부분 선택하고 그 부분을 복사해도 가능합니다.

11 음악의 맛을 내는 악상기호 1(Smart Shape Tool)

- **이음줄**

  예  그림과 같이 이음줄이 짧은 것과 긴 것이 있습니다.

  - 짧은 이음줄 : 선택 후 '파' 음에 대고 더블클릭
  - 긴 이음줄 : 선택 후 '라' 음에 대고 더블클릭 후 손을 떼지 않은 상태에서 '레' 음까지 드래그

  *참고 이음줄의 방향 전환(즉 위, 아래로 바꾸기)을 하고자 한다면 Ctrl + F 를 누릅니다.

- **크레셴도, 데크레셴도**

  예

  - 기호 선택 후 음 아래 빈 공간에 더블클릭 후 오른쪽으로 드래그

  *참고 (크레셴도) 기호를 선택한 상태에서도 (데크레셴도) 기호를 만들 수 있습니다.
  크레셴도를 더블클릭 후 오른쪽으로 드래그 했다면 데크레셴도는 더블클릭 후 왼쪽으로 드래그 하면 됩니다.

  - 크레셴도, 데크레셴도 기울이기

    그림과 같이 크레셴도, 데크레셴도를 기울이고자 한다면
    가운데 □에 마우스 오른쪽 버튼을 클릭한 후 <u>Make Horizontal</u> 체크를 풀어주면 됩니다.

  - tr ~ 까지 모두 크레셴도를 만드는 방법과 같습니다.

  *주의사항 크레셴도나 트릴 등 기호를 만들기 전 마우스 커서에서 나타나는 ↑ ↓와 같은 표시의 방향을 주의해야 합니다.
  이 방향이 가리키는 단에 기호가 붙습니다. 이 방향을 무시하고 기호를 만들면 나중에 파트보를 뽑을 때 기호가 다른 단의 위쪽 또는 아래쪽에 붙을 수 있으니 주의하세요!

- **글리산도**

  예

  - 글리산도 기호 선택 후 시작하는 음에서 끝나는 음까지 드래그 하거나 더블클릭 하면 됩니다.

  *참고 두 번째 마디처럼 Gliss. 단어가 나오게 하는 방법
  - Ctrl + ? 를 클릭하면 여러 가지 기호가 나옵니다. 그 중 Glissando 글씨가 쓰여 있는 것을 선택하면 됩니다.
  또한 여러 가지 원하는 기호(화살표, 페달 등)를 선택하여 넣을 수 있습니다.

> **참고** 옆의 그림과 같이 8va, 이음줄, 크레센도 등을 아래 단까지 연장해서 그리는 경우가 있습니다.
>
> 방법은 마우스에 손을 떼지 않은 상태에서 아래 단까지 드래그를 하면 그림과 같이 만들 수 있습니다.

12 음악의 맛을 내는 악상기호 2(Articulation Tool)

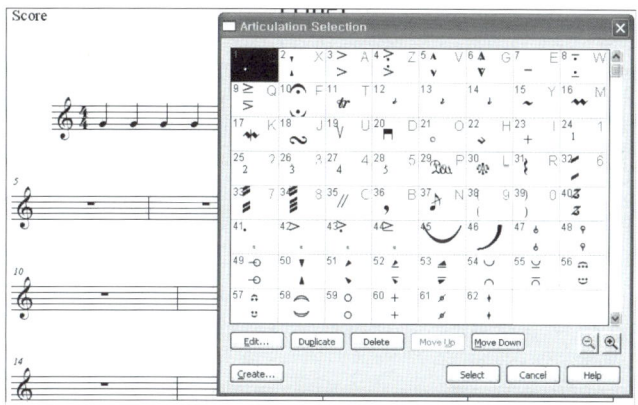

● **Articulation 입력하기**
→ Articulation Tool을 선택
→ 원하는 음에 클릭
→ 기호 선택하고 더블클릭 또는 Select 버튼 클릭

> **참고** 스타카토, 악센트 등의 기호를 보면 오른쪽 상단에 S, A와 같은 알파벳이 보입니다. 이 알파벳이 단축키이니 외워서 사용하시면 편리합니다.
> **예** 스타카토 넣기 : S 를 누른 상태에서 원하는 음에 클릭
> 악센트 넣기 : A 를 누른 상태에서 원하는 음에 클릭

> **참고** 원하는 단축키 만들기
> → Articulation Tool을 선택
> → PC – Shift + 알파벳(Z) / Mac – Shift + Z
> → 원하는 기호( ) 더블클릭 →

> **참고** 스타카토 한꺼번에 넣기 (S + 드래그) :
> S 를 누른 상태에서 원하는 만큼 드래그하면 스타카토가 생성됩니다.

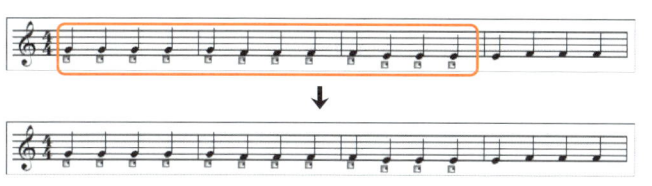

● 새로운 Articulation 기호 만들기

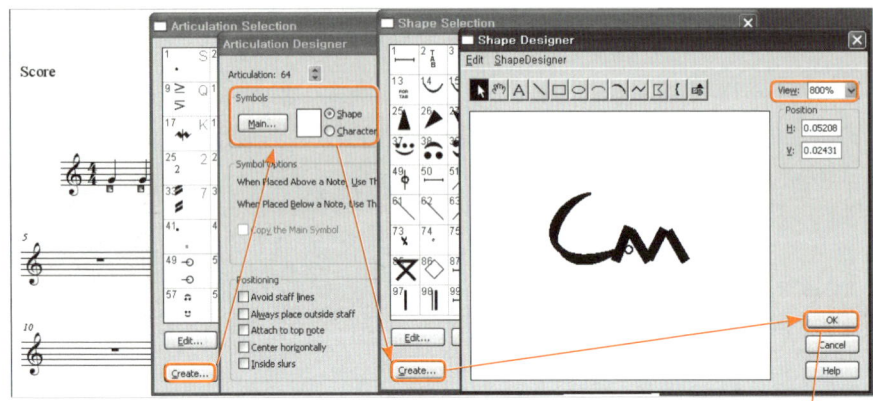

→ 원하는 음 선택
→ Create... 클릭
→ Symbols의 ⊙ Shape 선택 후
　 Main... 클릭
→ Create... 클릭
→ 원하는 기호 만들기
→ OK 버튼 클릭

* **참고** 기호를 만들 때에는 view를 800%로 해야 세밀하게 만들 수 있습니다.

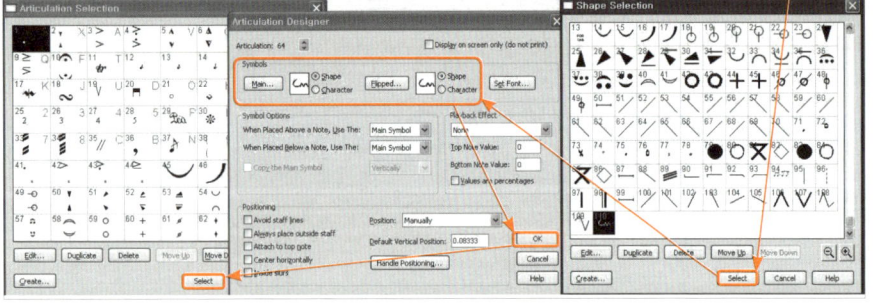

→ Select 버튼 클릭
→ Symbols의 Main... 과 Flipped...
　 모두 만든 기호 선택
→ OK 버튼 클릭
→ Select 버튼 클릭

* **참고** Main... : 음표 머리의 위에 붙는 기호
　　　　 Flipped... : 음표 머리의 아래에 붙는 기호

13. 음악의 맛을 내는 악상기호 3(Expression Tool)

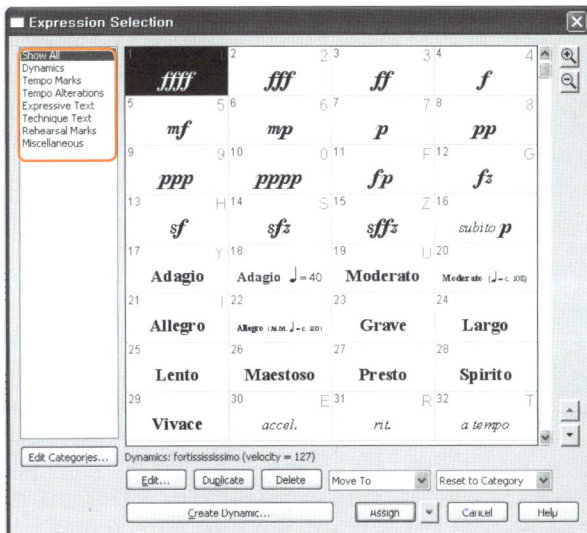

- Show All : Expression Tool 전체
- Dynamics : 셈여림 기호
- Tempo Marks : 빠르기 표시
- Tempo Alteration : 빠르기의 변화 기호
- Expressive Text : 감정 표현의 기호
- Technique Text : 악기의 테크닉에 관련된 기호
- Rehearsal Marks : 단락을 알파벳으로 표시하는 기호
- Miscellaneous : 그 이외의 기호

* 참고: *f* (포르테), Adagio 등을 보면 오른쪽 상단에 *f* (4), Adagio(Y)와 같이 숫자나 알파벳이 보입니다. 이 숫자나 알파벳은 단축키로, 외워서 사용하면 편리합니다.

  예) *f* 넣기 : 숫자 4 를 누른 상태에서 원하는 음에 클릭
  accel. 넣기 : E 를 누른 상태에서 원하는 음에 클릭

* 참고 단축키 만드는 것은 Articulation Tool에서 하는 방법과 같습니다.

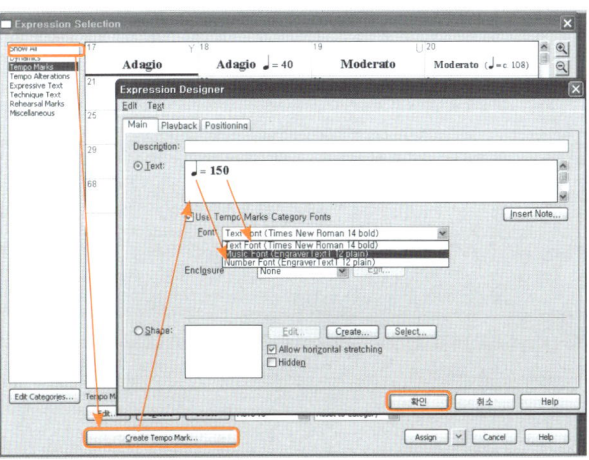

– 템포 만들기 예) ♩= 150

→ Expression Selection 창에서 Tempo Marks를 선택
→ Create Tempo Mark... 클릭
→ 4분 음표 만들기 : Font – Music Font 선택 후 'Q' 입력
→ 숫자 150 만들기 : Font – Text Font 선택 후 '150' 입력

* 참고 Music Font에서 음표 만드는 방법
  W = 𝅝 (온음표)   H = ♩ (2분 음표)
  Q = ♩ (4분 음표)   E = ♪ (8분 음표)   X = ♬ (16분 음표)

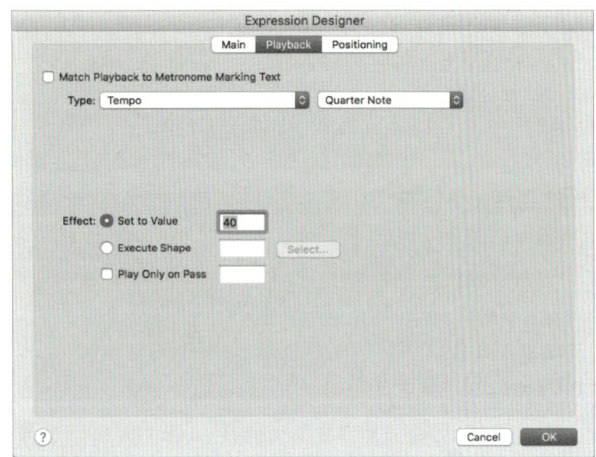

→ 숫자 150 만든 후 Playback 부분으로 이동

→ Tempo - Quarter Note로 설정

→ ◉ Set to Value에서 숫자 '150' 입력
이렇게 숫자를 변경하지 않으면 템포 40으로 Play가 됩니다.

* **참고** 𝄴박자의 경우에는 Quarter Note를 Eighth Note로 바꿔서 하시면 됩니다.

→ 　확인　 클릭

* **참고** Expression Selection 창 왼쪽의 카테고리에 따라 기호가 위에 붙는 것과 아래에 붙는 것이 있습니다. 이 성질에 따라 원하는 기호를 만든다면 좀 더 편리하게 기호를 만들 수 있습니다.
　　　　위에 붙는 것: Tempo Mark, Tempo Alteration, Technique Text, Rehearsal Marks, Miscellaneous
　　　　아래에 붙는 것: Dynamics, Expressive Text

14 도돌이표 넣기(Repeat Tool)

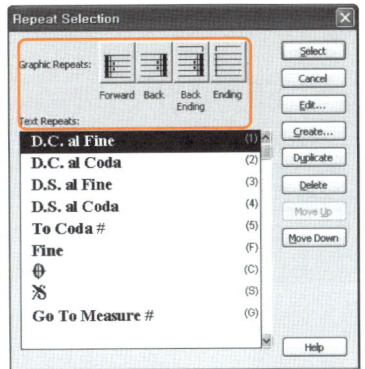

→ Repeat Tool 선택 후 원하는 마디 더블클릭
→ Graphic Repeats 섹션에서 원하는 기호(Forward, Back....)를 더블클릭하거나 기호 선택 후 Select 클릭

* 참고 Text Repeats의 부분도 Graphic Repeats 부분처럼 기호 넣는 방법은 같습니다.
  D.C. al Fine의 이름을 바꾸고 싶다면 Edit... 를 눌러서 원하는 이름으로 바꿀 수 있습니다.
  D.C. al Fine(1)에는 이렇게 번호(1)이 붙어 있습니다.
  이것 또한 단축키를 외워두고 사용하시면 편리합니다.
  입력 방법은 전과 동일합니다. 1 번 누른 상태에서 마디 클릭!

  Create... : 만들기   Duplicate : 복사하기
  Delete : 지우기   Move Up   Move Down : 이동하기

예 그림과 같은 도돌이표 1에서 2로 가는 기호 만들기

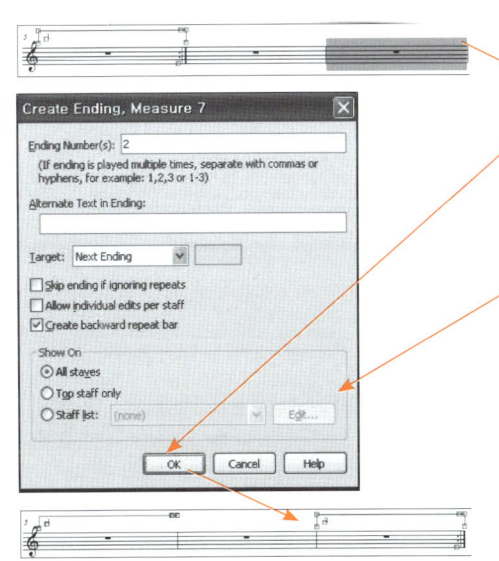

→ 원하는 마디(7마디)를 더블클릭
→ Graphic Repeats 부분에서 기호 (Ending)를 선택합니다.
→ Create Ending, Measure 7 창에서 OK 클릭

* 참고
  ○ All staves : 전체 단에 도돌이표 기호 생성
  ○ Top Staff only : 제일 위의 단에만 도돌이표 기호 생성

도돌이표 1, 2는 1번을 만들고 나면 순서대로 2, 3으로 자동 인식됩니다.
세 번째 그림 Repeat 1번에 도돌이표가 없습니다.
없애는 방법은 도돌이표 아래 □를 선택하고 지워주면 됩니다.

→ 마우스 오른쪽 버튼을 누르고 Creat First and Second Ending을 눌러도 생성됩니다.

15 CM7 코드 입력하기(Chord Tool)

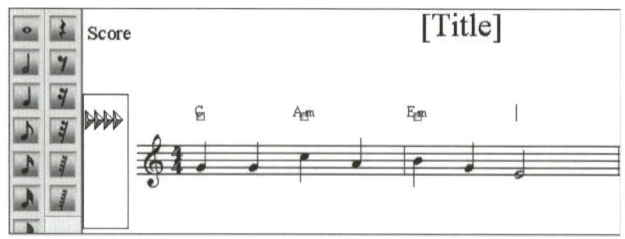

CM7 Chord Tool을 선택하고 원하는 음 위에 마우스로 클릭한 후 코드를 입력하면 됩니다.

- 코드 입력 후 다음 코드로 이동 – [Spacebar]
  예 C-Am로 갈 때(→) [Spacebar] 두 번 누른다.
- 코드 입력 후 이전 코드로 이동 – [Shift]+[Spacebar]
  예 Am-C로 갈 때(→) [Shift]+[Spacebar] 두 번 누른다.

* 참고 [Tab] 버튼을 누르면 코드를 입력할 때 한 마디씩 이동됩니다.

▶▶▶▶ 코드 앞의 이 기호는 코드의 높낮이를 조절하는 기능입니다.
▶▶▶▶ 첫 번째 세모 : 전체 코드 높이 조절
▶▶▶▶ 세 번째 세모 : 해당 단의 코드 높이만 조절

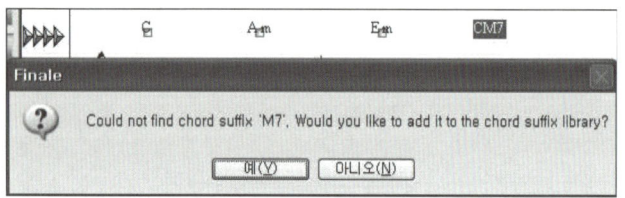

이 그림과 같이 CM7을 입력할 때 이런 문구가 나오는 경우는 CM7이 코드 이름에 등록되지 않았기 때문입니다.
[예(Y)]를 누르면 다음과 같은 창이 나옵니다.

↓

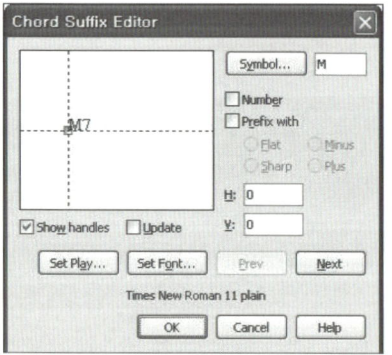

[Prev]와 [Next]로 편집하고 싶은 글자(M, 7)를 선택한 후 [Set Font...]를 클릭하여 글씨체와 크기를 바꿀 수 있습니다. 선택된 글자는 [Symbol...] 버튼의 오른쪽 (M)에 나타납니다.
[OK]를 누르면 CM7이 만들어진 것을 확인할 수 있습니다.
add2, sus4 등도 같은 방법으로 만들면 됩니다.

* 참고  그림과 같이 코드에 기타 운지법이 나올 수 있습니다.
기타 운지 그림을 없애고자 한다면 Chord ▶ Show Fretboards 체크를 해제하면 됩니다.

코드 소리를 듣지 않고 플레이하고 싶을 때는 Chord 메뉴바 → Enable Chord Playback 체크를 해제합니다.

16 가사 쉽게 넣고 빼기(Lyrics Tool)

● 가사(한글) 입력하기

- 그림과 같이 가사를 넣고자 하는 음표를 클릭한 후 입력하면 됩니다.
  Enter / Spacebar 로 다음 가사로 넘어갈 수 있습니다.(반대 방향은 Shift + Spacebar / Enter)
- 2절 입력 방법은, 예를 들어 '2.아'를 입력한다면 마우스로 첫 음을 클릭하면 '1.가'가 선택됩니다. ↓(아래 방향 키)를 이용해서 2절을 만들 수 있습니다.

* 참고 1절에서 2절로 넘어갈 때 ↓(아래 방향 키)를 한 번만 누르면 1절과 2절 간격이 좁기 때문에 두 번 눌러야 보기 좋습니다.
* 참고 피날레 버전에 따라 다음 가사로 넘어갈 때 Spacebar 를 두 번 누르는 경우(2011)가 있고 한 번 누르는 경우(2012)도 있습니다. 입력할 때 참고하세요!
* 참고 가사를 지우는 방법 : ←(Back Space) 또는 Delete 버튼

Lyrics Tool을 선택 후 음표를 클릭하면 그림과 같이 나타납니다. 이 경우에는 상단에 Text Lyrics Window Help Lyrics를 누르면 Adjust Syllables나 Edit Word Extensions로 선택되어 있습니다. 이 설정을 'Type Into Score'로 바꾸면 다시 전과 같이 가사를 입력할 수 있는 상태로 바뀝니다. 또한 Edit Word Extension의 상태에서는 글자를 지울 수 없는데 Type Into Score로 설정을 변경하면 지울 수 있습니다.

그림과 같이 붙임줄이 있으면 가사 옆에 선(Hyphen)이 나타납니다.
첫 번째 선은 자동으로 생긴 것이고 두 번째 선은 '-'를 입력한 것입니다.

↓

'1.가' 옆의 선을 가운데로 옮기는 방법
Text Lyrics Window Help Lyrics 클릭 → Lyric Options... 클릭 → 오른쪽 하단 Word Extensions... 클릭 → Lyric Alignment칸에서 Vertical Offset from Baseline : 0.00882 → 0.2로 바꾸면 그림과 같이 가운데로 선이 위치하게 됩니다. 숫자를 크게 입력할수록 더 높아집니다.

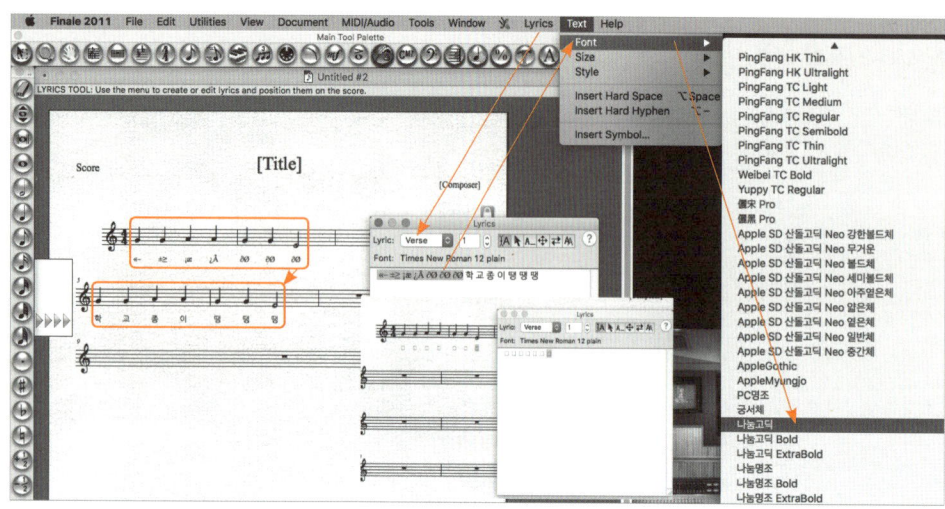

Mac 2011, 2012 버전에서는 한글 지원이 안되어 다음과 같이 글자가 이상한 글씨 또는 네모처럼 오류가 생깁니다.

→ Lyrics Window... (단축키 cmd + L)를 클릭

→ 바꾸고자 하는 글자 선택

→ Text → Font → 나눔고딕(한글체) 선택

이와 같이 한글로 바꿀 수 있습니다.

Mac 2014 버전은 그 오류를 수정하여서 2011, 2012 버전처럼 하지 않아도 한글을 입력할 수 있습니다.

● '1.가' 옆의 선 없애기

→ Lyrics 클릭

→ Lyric Options... 클릭

→ 오른쪽 하단 Word Extensions 클릭

→ Word Extensions 창에서 ☑ Use Smart Word Extensions 체크 해제를 하면 옆의 그림과 같이 '1.가' 옆에 선(Hyphen)이 없어집니다.

● 가사(영어) 입력하기

영어도 한글과 같이 입력하는 방법은 같습니다.
주의해야 할 점은 한글과 다르게 영문은 글자 수가 많습니다. 따라서 많은 글씨로 인해 단어들이 겹치게 됩니다.

옆의 그림과 같이 자간을 벌려 놓으려면 (Selection Tool) 상태에서 'fferent'와 'time' 단어를 각각 클릭해 마우스 또는 방향키를 이용하여 왼쪽, 오른쪽으로 간격을 벌리면 됩니다.

* **참고** 기존 기능에서 (Selection Tool)로 바로 가는 방법 : ESC 두 번 누르기
  Under–stand와 같이 영어 단어 중간에 짧은 하이픈을 넣고 싶을 때는 Under 입력 후 –(마이너스 버튼)을 누른 후 stand를 입력합니다.

● 다국어 입력하기(예시 : 독일어 움라우트)

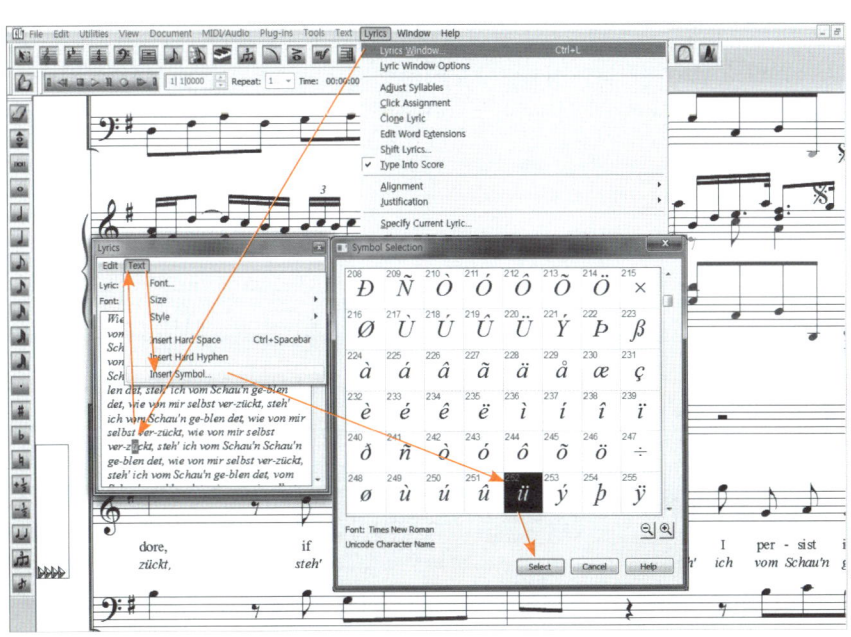

→ Lyrics Window.. 클릭
→ 바꾸고자 하는 단어(U)선택
→ Text 클릭
→ Insert Symbol.. 클릭
→ ü 클릭
→ Select 클릭
→ zückt, 움라우트 생성

17 제목&글자 쉽게 넣고 빼기(Text Tool)

● **Text Tool의 세부 기능**

- Text Tool은 제목, 작사, 작곡, 페이지 번호를 바꾸는 데 주로 사용합니다.
- 입력 방법은 Page 바탕화면을 더블클릭 한 후 글자를 입력하면 됩니다.
- [Title], [Composer] 등 네모 모양의 외곽선이 있는 단어들은 처음 악기 구성을 할 때 제목, 부제목, 작곡, 작사가 등에 기재했던 내용들입니다. 처음 설정할 때 미리 작성하고 악보를 만들면 이런 단어들이 하나씩 수정이 안됩니다. 예를 들어 Title의 중간 글자 t 자만 바꾸지 못하고 Title 전체를 지우고 다시 써야 합니다. 그러니 처음 악보를 구성할 때 글자를 미리 작성하는 것 보다 나중에 작성하는 것이 단어 수정하기에 더 좋습니다.
- 메뉴 바에 Tools Text Window Help Text를 클릭하면 맨 아래 그림과 같은 부분이 보입니다.

• Assign New Text to Measure : 마디에 단어 입력하기
(세부 기능 : 마디가 움직이거나 단이 움직이면 그 단어는 마디를 따라 이동합니다.)

• Assign New Text to Page : 페이지에 단어 입력하기
(세부 기능 : 마디나 단의 움직임과 상관없이 페이지의 해당 위치에 고정됩니다.)

* 참고 Assign New Text to Measure는 글자 색이 빨간색이고 Assign New Text to Page의 글자 색은 검정색입니다.
색깔로 Measure, Page를 구분하여 문제가 생기지 않도록 주의해야 합니다.

● **Text 관련 단축키**

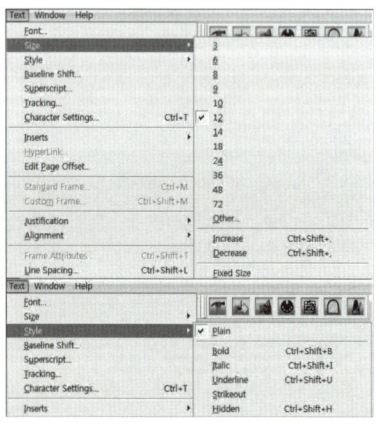

옆의 그림과 같이 글자 크기, 굵기, 기울기 등의 단축키를 외워두면 손쉽게 바꿀 수 있습니다.

- Increase(글자 크게 하기)   : Ctrl + Shift + >
- Decrease(글자 작게 하기)   : Ctrl + Shift + <
- Bold(글자 두껍게 하기)   : Ctrl + Shift + B
- Italic(글자 기울이기)   : Ctrl + Shift + I
- Underline(글자 아래 밑줄 넣기) : Ctrl + Shift + U
- Hidden(글자 숨기기)   : Ctrl + Shift + H

이와 같이 글자에 있는 □를 선택한 후 위의 단축키를 이용하여 변경하면 편리합니다.

● 페이지 번호 바꾸기

아래 그림과 같이 페이지마다 페이지 번호가 있습니다. 페이지 번호를 바꾸는 방법은 다음과 같습니다.

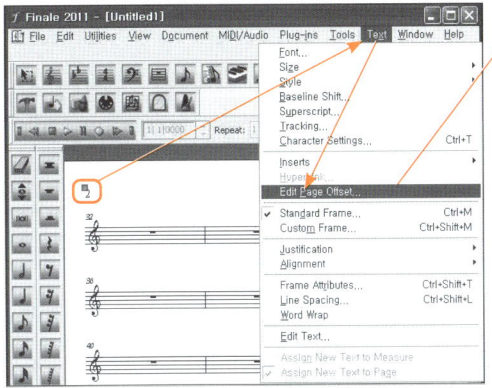

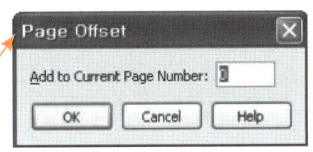

→ 숫자 2 선택

→ Text 클릭

→ Edit Page Offset.. 클릭

→ Page Offset 창에서 번호 입력

☞ **주의사항** 페이지 번호를 바꾸고자 할 때 기존의 페이지에 숫자와 바꾸고자 하는 숫자를 더한 값으로 페이지 번호가 변경됩니다.

예 1페이지를 2페이지로 바꾸려면 Page Offset 창에 1을 입력하면 2로 바뀝니다. 기존의 페이지 번호가 2Page일때 2를 입력한다면 2Page는 4Page로 바뀌게 됩니다. 이 부분을 주의해서 페이지를 입력하기 바랍니다.

|1page|+|page offset:2|=|3page|/|2page|+|page offset:3|=|5page|

● 2개의 파일 페이지 번호 이어서 만들기

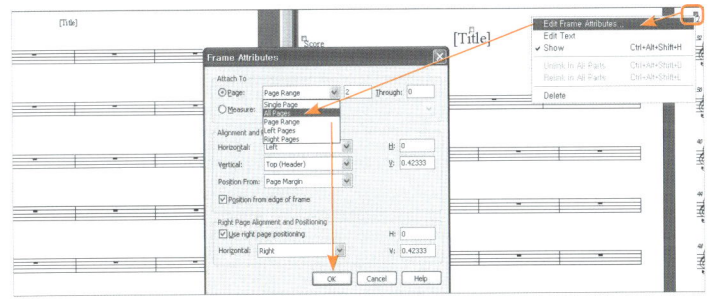

파일 두 개의 페이지 번호가 다릅니다.
1번 파일의 마지막 page 번호는 2page입니다.
2번 파일의 page번호를 3page로 바꿉니다.

→ 2 2번 위의 네모 오른쪽 마우스 클릭

→ Edit Frame Attributes..를 클릭

→ Attach to 섹션에서 Page Range → All Page로 바꿈

→ OK 클릭

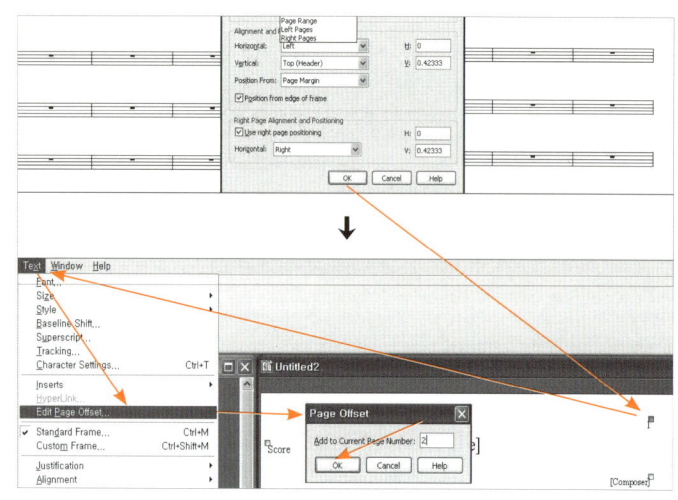

→ 그림과 같이 2번 파일에 첫 번째 page에 1이 생김.
→ 2번 파일에 첫 번째 page 번호 1을 선택
→ Text 클릭 → Edit Page Offset.. 클릭
→ Page Offset 창에서 숫자 2 입력
→ OK 클릭을 하면 3page로 바뀝니다.
→ 1번 파일 2page에서 2번 파일 3page로 이어집니다.

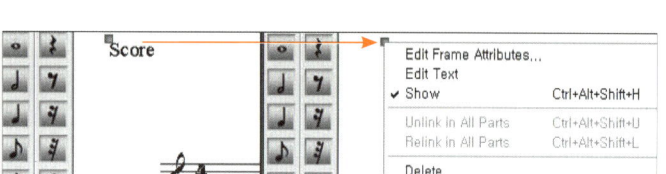

옆의 그림과 같이 Score를 클릭한 후 오른쪽 마우스를 누르면 화살표 쪽 그림처럼 Show에 체크가 되어 있는 것을 알 수 있습니다.
Show의 체크 여부에 따라 나중에 파트보를 뽑을 때 파트보 이름의 표시 여부가 결정됩니다.

예 Flute 파트보 뽑기
 Show의 체크 × → 파트보에 Flute 이름이 안 나타남
 Show의 체크 ○ → 파트보에 Flute 이름이 나타남

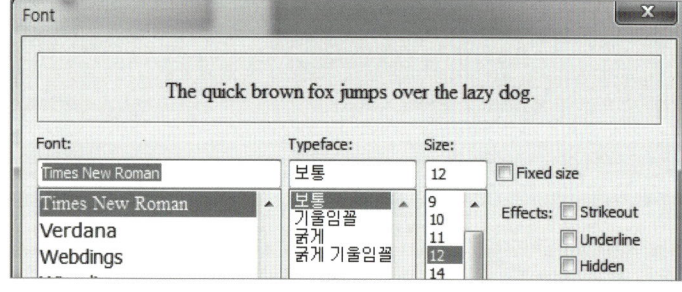

→ 윈도우 버전에서 글씨, 크기, 스타일을 모두 변경하고 싶다면 Text → Font를 누르면 변경할 수 있습니다.

18 사이즈 조절의 모든 것(Resize Tool)

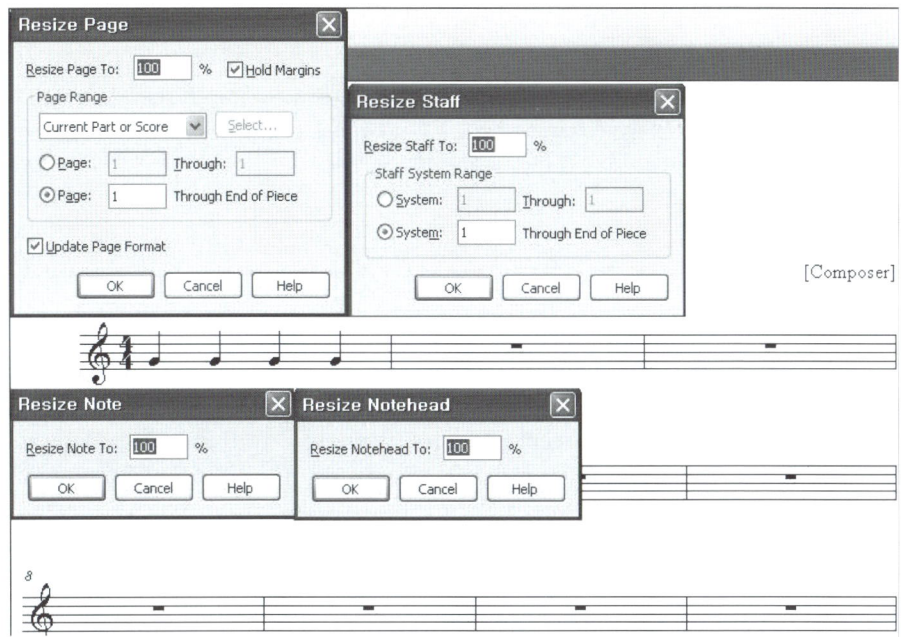

Resize Tool에는 네 가지 기능이 있습니다.

① Resize Page
- Page에 관련된 %(크기)를 조절하는 기능입니다.
- Page의 빈 부분을 클릭하면 Resize Page창이 나타납니다.

② Resize Staff
- Staff에 관련된 %(크기)를 조절하는 기능입니다.
- Staff의 빈 부분을 클릭하면 Resize Page창이 나타납니다.

③ Resize Note
- Note에 관련된 %(크기)를 조절하는 기능입니다.
- Note 부분을 클릭하면 Resize Page창이 나타납니다.

④ Resize Notehead
- Notehead에 관련된 %(크기)를 조절하는 기능입니다.
- Notehead 부분을 클릭하면 Resize Page창이 나타납니다.

* **주의사항** Resize Note와 Notehead는 클릭할 때 정확한 위치를 클릭해야 원하는 기능을 선택할 수 있습니다.
화면을 크게 작게(★ Ctrl + +, -)하여 클릭하는 것이 편리합니다.

19 악보를 더 보기 좋게(Page Layout Tool)

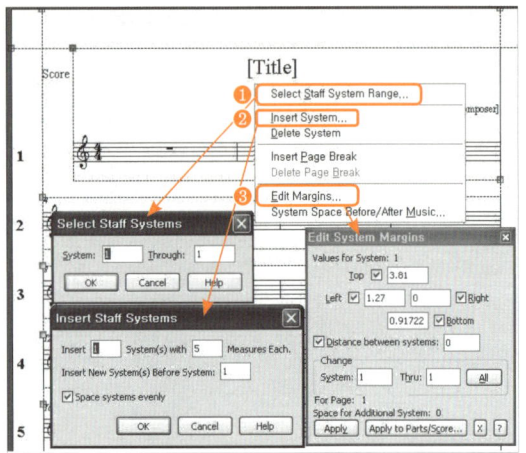

● Page Layout Tool의 세부 기능

Page Layout Tool을 누르면 옆의 그림과 같이 점선과 번호(1, 2, 3..)가 나타납니다. Staff(단)의 높낮이와 길이를 조절하는 기능입니다.

마우스 왼쪽 버튼으로 단 이동이 가능하며, □를 클릭하여 점선 네모 박스(한 단의 범위)의 크기를 조절할 수 있습니다.

Staff(단)를 선택 후 오른쪽 마우스를 누르면 정보 창이 나옵니다.

① Select Staff System Range : Staff를 선택하는 범위를 나타냅니다.
   - System : [1] 1번 Staff부터 Through : [?] ?번 Staff까지 선택

② Insert System : 선택된 Staff 앞에 넣을 Staff의 개수와 한 Staff당 들어갈 마디 개수를 나타냅니다.
   - Insert [1] system(s) : 한 개의 단 [5] Measures Each : 5마디
   Insert New System(s) Before System : [1] : 선택한 1번 단 앞에 추가

③ Edit Margins : 점선의 위, 아래, 왼쪽, 오른쪽의 범위를 나타냅니다.
   - Top, Bottom, Left, Right에 숫자로 범위를 입력합니다.
   - System : [1] Thru : [?] [All] : 1번단~?단까지 선택, 전체 선택
   - [Apply] 를 선택하면 설정 값이 적용됩니다.

* 참고 값을 넣는 것이 어려울 수 있습니다. 마우스로 왼쪽 상단과 오른쪽 하단의 네모를 선택하여 상하 좌우의 범위(설정 값)를 변경할 수 있습니다.

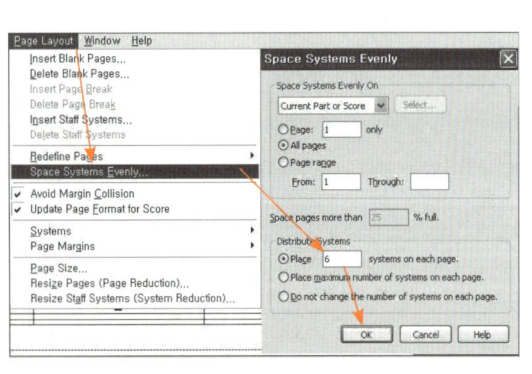

● 한 페이지 안에 단 개수 설정하기

→ Page Layout 클릭

→ Space System Evenly... 클릭

→ Distribute System 안에 ⊙ Place [6] system on each page.
   여기에 숫자를 입력합니다. 예 6을 입력합니다.

→ [OK] 클릭

→ 한 페이지 안에 원하는 숫자(6개)만큼 Staff가 생성됩니다.

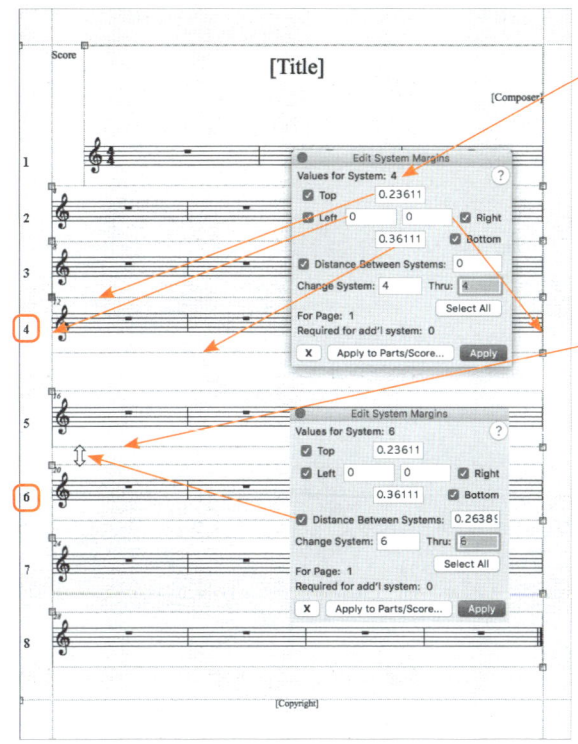

Edit System Margins의 창이 두 개 있습니다.
Values for System : 4의 창을 보면 Top, Left, Right, Bottom이 있습니다. 이 안의 값은 화살표시로 나타낸 점선 부분의 값을 얘기하는 것입니다.
즉 Top은 5선지의 제일 윗부분에서 그 위 점선까지의 거리(0.23611)를 말합니다. Left와 Right는 옆면과의 거리가 없으므로 값이 0이 된 것입니다.
Bottom은 5선지 제일 아랫부분에서 그 아래 점선까지의 거리(0.36111)를 말합니다.

Values for System : 4와 Values for System : 6의 차이점은
Distance Between Systems입니다.
화살표시로 가리켰듯이 5와 6 사이의 거리를 말합니다.

〈여기서 Key Point!!〉
2, 3, 4는 서로 좁게 붙어 있습니다. 그러면 악보가 보기 어렵습니다.
5, 6, 7, 8처럼 단과 단 사이의 거리의 간격이 있어야 악보를 보거나 입력하기 쉽습니다. 따라서 일괄적으로 간격을 두고 세팅하는 기능이 Change System입니다.
바꾸고자 하는 단을 선택한 후에(예: 6번째 단 선택 - 6번째 단 값이 적용)
Change System : 6 Thru : 8 까지 설정하면
6번째 단과 8번째 단 사이의 간격이 일정하게 변화되는 것을 알 수 있습니다. 이 기능은 오케스트라 파트보를 만들 때 주로 사용되는 기능입니다.

● **페이지 사이즈 조절하기**
Letter(21.59×27.94) 이렇게 되어있는 부분을 클릭하면
Legal, Tabloid, A5, B5, A4 등등 여러 가지 사이즈 설정 값이 나옵니다.
원하는 사이즈로 선택하면 페이지의 크기가 변경됩니다.

* **참고** ⊙ Portrait : 악보를 세로로 보기   Landscape : 악보를 가로로 보기
　　　　Width : 넓이(왼쪽, 오른쪽)   Height : 높이(위, 아래)

20 음표의 세밀한 조정(Special Tool)

- → 음표를 좌우로 이동하는 기능 — 음표 위에 □를 선택하고 좌우로 이동
- → 음표의 머리를 좌우로 이동하는 기능 — 음표 머리 위에 □를 선택하고 좌우로 이동
- → 음표 머리 모양을 바꾸는 기능 — 음표 머리를 더블클릭하여 모양을 변경
- → 임시표를 좌우로 이동하는 기능 — 임시표의 □를 선택하고 좌우로 이동
- → 음표 기둥의 높낮이를 조절하는 기능 — 음표 기둥의 높낮이를 상하 좌우로 이동
- → 음표 꼬리를 좌우로 이동하는 기능 — 음표 꼬리 아래 □를 선택하여 좌우로 이동
- → 음표 기둥의 위치를 위아래로 변경하는 기능 — 음표 기둥 아래의 □를 선택하여 기둥을 위아래로 이동
- → 음표의 기둥이 위아래로 생기게 하는 기능 — 음표의 □를 선택하여 기둥을 위아래로 생성
- → 음표의 기둥을 좌우로 변경하는 기능 — 음표 위의 □를 선택하여 기둥을 좌우로 변경

음표의 세밀한 조정(Special Tool)

21 단 가로지르기(Note Mover Tool)

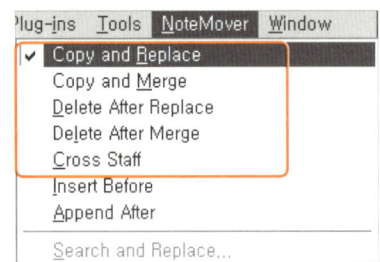

Staff(단)에서 Staff로 음을 옮기는 기능입니다.
즉 윗단에서 아랫단 또는 아랫단에서 윗단으로 음을 옮기는 기능을 말합니다.
그림과 같이 NoteMover 안에는 일곱 가지 기능이 있습니다.
주로 Copy and Replace에서 Cross Staff만 사용하고 Insert Before와 Append After 기능은 거의 사용하지 않습니다.

● **Copy and Replace** : 음을 선택한 후 이동하면 윗단의 음은 없어지고 선택한 음이 재배치 되는 기능

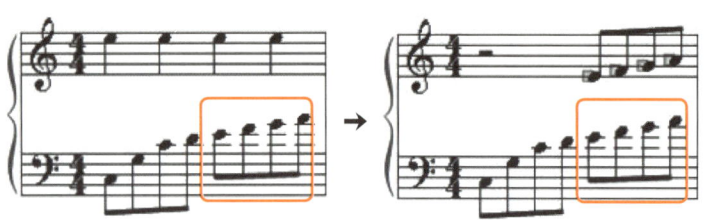

→ 음표 머리 안에 있는 □를 드래그하여 선택
→ □를 잡고 높은음자리표(윗단)로 이동
→ 그림과 같이 윗단의 기존 음은 없어지고 아랫단의 음이 윗단으로 재배치된 것을 알 수 있습니다.

● **Copy and Merge** : 음을 선택한 후 이동하면 윗단의 음과 선택한 음이 합쳐지는 기능

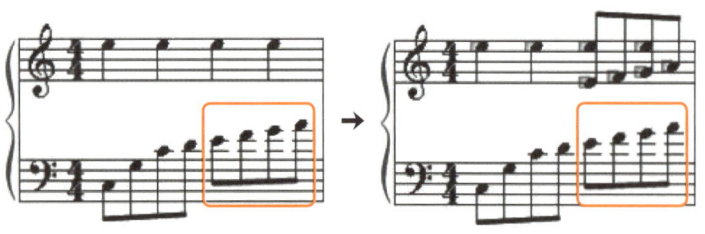

→ 음표 머리 안에 있는 □를 드래그하여 선택
→ □를 잡고 높은음자리표(윗단)로 이동
→ 그림과 같이 윗단과 아랫단에서 선택한 음이 합쳐지는 것을 알 수 있습니다.

- **Delete and Replace** : 음을 선택한 후 이동하면 아랫단의 음은 없어지고 윗단의 음이 재배치되는 기능

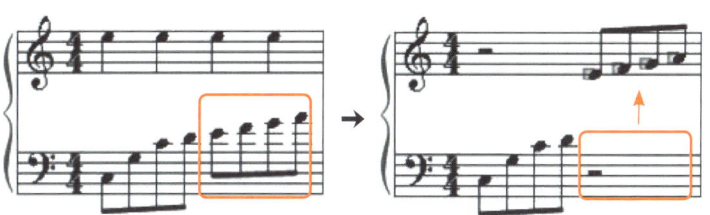

→ 음표 머리 안에 있는 □를 드래그하여 선택
→ □를 잡고 높은음자리표(윗단)로 이동
→ 그림과 같이 아랫단의 음은 없어지고 윗단의 음이 재배치되는 것을 알 수 있습니다.

- **Delete and Merge** : 음을 선택한 후 이동하면 아랫단의 음은 없어지고 윗단의 음과 선택한 음이 합쳐지는 기능

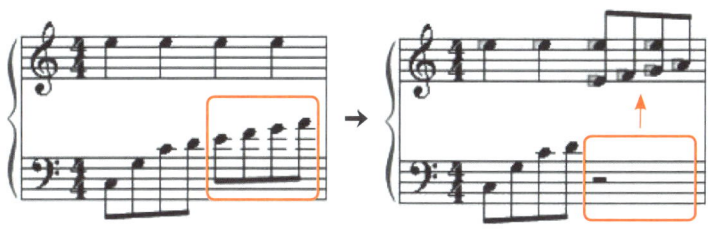

→ 음표 머리 안에 있는 □를 드래그하여 선택
→ □를 잡고 높은음자리표(윗단)로 이동
→ 그림과 같이 아랫단의 음은 없어지고 윗단의 음과 합쳐지는 것을 알 수 있습니다.

- **Cross Staff** : 음을 선택한 후 이동하면 아랫단의 선택한 음만 이동하고 기둥과 꼬리는 그대로 위치하여 윗단의 음과 합쳐지는 기능

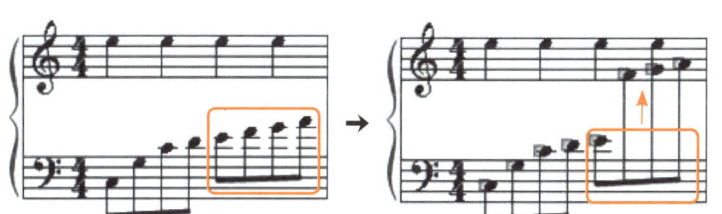

→ 음표 머리 안에 있는 □를 드래그하여 선택
→ □를 잡고 높은음자리표(윗단)로 이동
→ 그림과 같이 아랫단의 꼬리와 기둥은 그대로 위치하고 선택한 음만 위로 이동하여 윗단의 음과 합쳐지는 것을 알 수 있습니다.

22. 그림을 악보로, 악보를 그림으로(Graphics Tool)

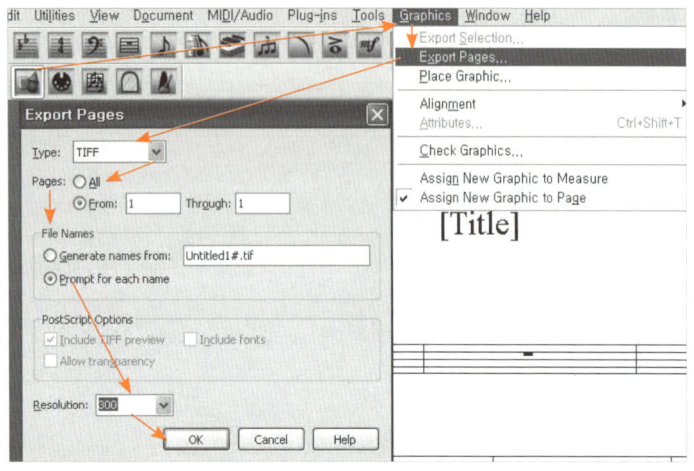

● Graphics Tool의 세부 기능

Graphics Tool은 악보를 만든 후 그림 파일로 저장하는 기능입니다.
다음과 같은 방법으로 그림 파일을 만들 수 있습니다.

→ Graphics Tool 클릭

→ Graphics 클릭

→ Export Pages... 클릭

→ Type 클릭
  - Type안에는 TIFF, JPEG, EPS 등 여러 가지 그림 포맷이 있습니다. 원하는 그림 포맷을 선택합니다(2012 이후 버전부터는 PDF도 있습니다).

→ Pages에서 페이지 범위를 설정합니다.

→ File Names 섹션에서는 두 가지 기능이 있습니다.

> ○ Generate names from: Untitled1#.tif
>   (Untitled(곡 제목) 이름으로 그림 파일이 생성됩니다.)
> ○ Prompt for each name
>   (각각의 다른 이름으로 그림 파일을 설정할 수 있는 기능입니다.)

→ Resolution에서 화소 선택
  - Resolution안에는 다양한 화소 포맷이 있습니다. 숫자가 높을수록 진하게 잘 나오지만 파일 용량이 크다는 것에 주의하세요. 따라서 화소는 300으로 사용하시는 것이 제일 좋습니다.

→ OK 클릭

* **참고** 그림 파일을 뽑을 때 쉽게 뽑는 방법

  Page를 '⊙ All' 로 하고 File Names 섹션에서 '⊙ Generate names from'으로 설정을 해 놓으면
  Generate names from에 지정된 Untitled(곡 제목) 이름으로 Untitled 001, Untitled 002 이렇게 자동으로 생성이 됩니다.
  예 제목이 '나비야' 라면 나비야001, 나비야002, 나비야003 이렇게 만들어집니다.

● 그림 파일 악보로 만들기

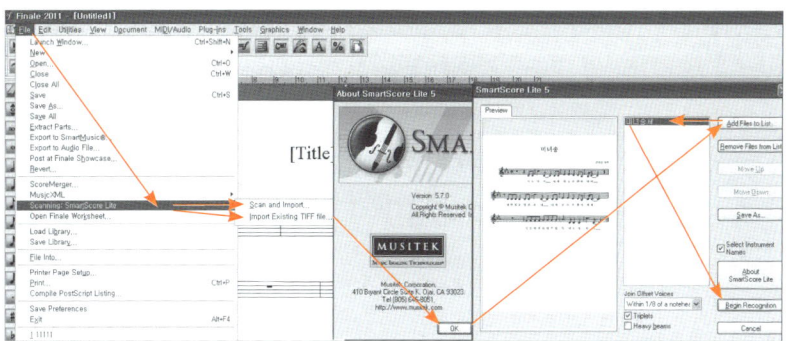

그림과 같이 악보를 스캔하여 불러오거나 기존의 그림 파일을 불러들여서 악보로 만들 수 있는 기능입니다.

→ File → Scanning : SmartScore Lite Import Existing TIFF file.. → About SmartScore Lite 5 창에서 OK

→ SmartScore Lite 5 창에서 Add Files to List... 클릭 → 원하는 파일 선택 → 미녀송.tif 클릭(왼쪽 그림 파일 확인)

→ Begin Recognition 클릭

* **주의사항** 확장자 파일을 Tiff로 저장해야 그림파일로 불러올 수 있습니다.

이렇게 하면 왼쪽 그림과 같이 악보가 생성되는 것을 알 수 있습니다.

* **참고** 악보를 불러들일 때에는 가사와 특수 기호들은 인식이 잘 되지 않습니다. 음표만 불러올 수 있는 기능입니다.

● 그림 파일 악보로 만들기(2014 버전)

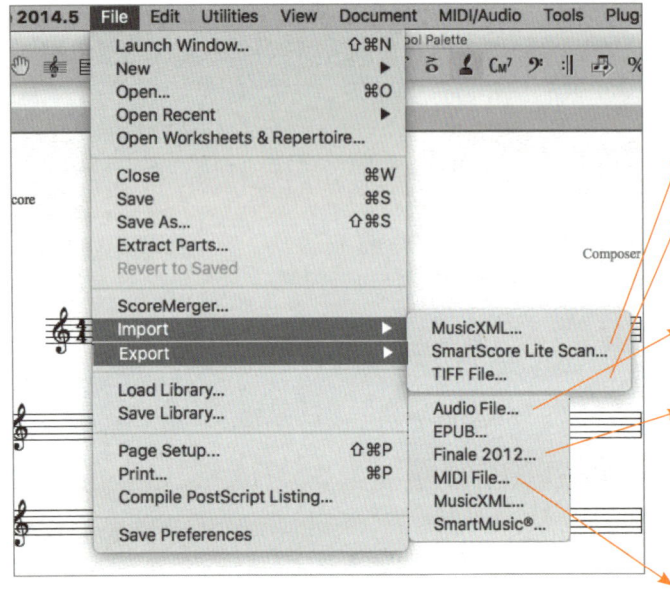

→ 2012버전과 다르게 스캔, 그림 파일을 불러오기, 오디오 파일, 미디 파일 불러오기의 여러 가지 기능이 Import, Export 안에 들어가 있습니다.

→ File → Import → SmartScore Lite Scan : 악보를 스캔하기

→ File → Import → TIFF File... : TIFF 파일 불러오기

* 참고 TIFF는 그림 파일의 확장자 이름으로 JPEG, PDF 같은 확장자 이름입니다.

→ File → Export → Audio File... : 악보를 Wav, mp3로 파일 만들기

→ File → Export → Finale 2012 : 기존의 Finale에서는 2012버전에서 작업했던 파일을 2011버전에서 불러올 수 없었습니다. 그러나 2014버전부터는 2014버전에서 작업했던 파일을 2012로 불러올 수 있는 기능이 만들어졌습니다.

→ File → Export → MIDI File... : 악보를 미디 파일로 만들기

23 오케스트라 파트보 만들기

→ 가장 먼저 확인할 것은 왼쪽 상단에 Score 이 글자가 꼭 있어야 합니다. 이 글자 없을 경우 각 파트보에 Flute, Violin I 이 파트보 이름이 따라오지 않습니다. 항상 Score 글자가 꼭 있어야 파트보 이름이 따라옵니다.

→ 옆의 악보의 파트보를 만들어 보겠습니다.

➜ File → Extract Parts를 누르면 Extract Parts 창이 생성 됩니다.

➜ 위 그림과 같이 Flute, Clarinet in Bb.. 등등 여러 악기가 생성 됩니다.

➜ File Names : ◯ Generate Names From

　사막에 샘이 넘쳐 흐르리라 – %p.musx 이 기능은 사막에 샘이 넘쳐 흐르리라 – Flute 이렇게 파일 이름이 생성되는 것을 말합니다. 따라서 아래처럼 이름을 따로 입력하지 않아도 각각의 이름으로 모든 악기가 저절로 이름이 생성됩니다.

　예 사막에 샘이 넘쳐 흐르리라 – Flute

　　　사막에 샘이 넘쳐 흐르리라 – Clarinet in Bb

　　　사막에 샘이 넘쳐 흐르리라 – Trombone

　◯ Prompt for Each Name 이 기능은 각각 이름을 직접 입력해서 파트보를 만드는 기능입니다.

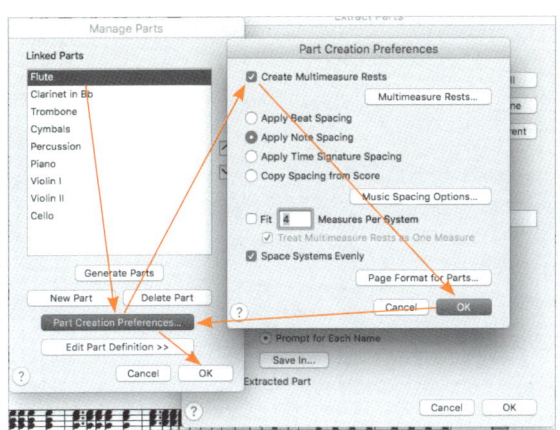

→ Manage Parts를 누르면 왼쪽과 같이 창이 생성됩니다.

→ Part Creation Preferences…를 누른 후 ☑ Create Multimeasure에 체크가 되어 있어야 빈 마디가 묶여서 생성됩니다.

ex)

→ OK 누릅니다.

→ 마지막으로 Generate Parts를 누릅니다.

Generate Parts를 누르지 않으면 적용이 되지 않으니 참고하세요.

→ 마지막 OK를 누릅니다.

→ ◯ Generate Names From 또는 ◯ Prompt for Each Name를 선택해서 파트보를 뽑으시면 됩니다.

→ 앞의 과정을 모두 하면 왼쪽 그림과 같이 파트보가 생성됩니다.

→ 마디를 묶는 방법은 08. 마디로 할 수 있는 모든 것(Measure Tool)을 참고하세요.

* **참고** 16마디 크레센도는 11. 음악의 맛을 내는 악상기호 1(Smart Shape Tool)을 참고하세요.

* **주의사항** 크레센도를 만들기 전에 ↑ ↓ 이런 방향이 있는 것을 찾을 수 있습니다. 앞에 위 화살표 방향은 그 단에 크레센도가 붙습니다. 그러나 아래 화살표 방향으로 한 상태에서 크레센도를 그리면 Flute에 크레센도가 붙는 것이 아니라 아랫단 클라리넷에 붙게 됩니다. 항상 크레센도를 만들기 전에 화살표 방향이 위/아래인지 확인하시고 붙여야 합니다.

* **참고** 16마디 테누토 스타카토 는 12. 음악의 맛을 내는 악상기호 2(Articulation Tool)를 참고하세요.

* **참고** 1마디 포르테(*f*)는 12. 음악의 맛을 내는 악상기호 3(Expression Tool)을 참고하세요.

* **Tip** 녹음하게 되는 경우 마디번호가 전체 다 나오게 하는 것이 좋습니다(26p 참고).

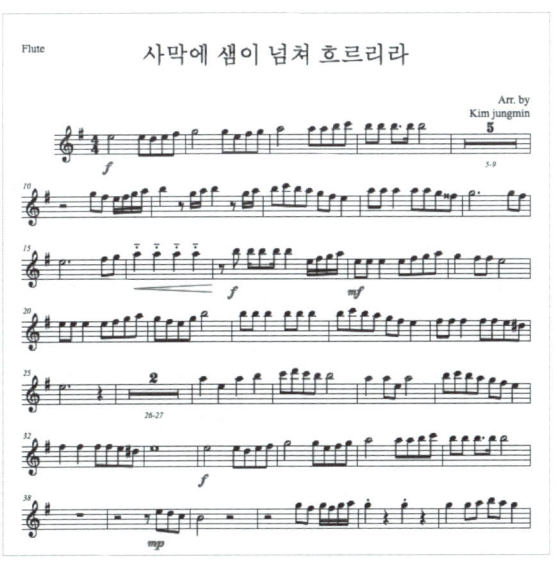

24 그 외 기능

● 여러 개의 파일을 나열하여 보기

윈도우 버전

– Cascade : 파일을 순서대로 나열하기(Alt + W + C) – Tile Vertically : 파일을 왼쪽부터 순서대로 나열하기(Alt + W + Y)

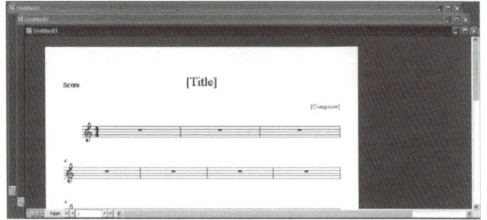 

– Tile Horizontally : 파일을 위에서부터 순서대로 나열하기(Alt + W + H)

* 참고 Mac 버전에는 단축키가 없습니다.

● 화면 눈금자 만들기

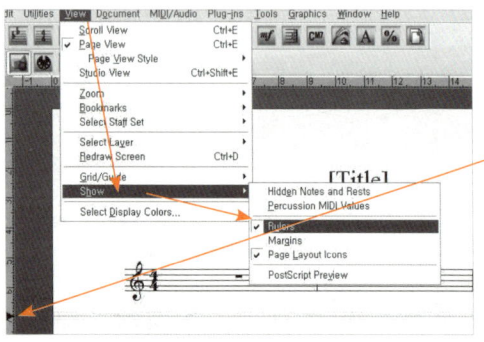

그림과 같이 가로, 세로로 눈금자가 생긴 것을 알 수 있습니다.
이 기능은 단과 단 사이의 간격을 정확하게 하고자 할 때 사용하면 편리합니다. (View → Show → Rulers)
화살표의 이 선은 눈금자에 마우스로 더블클릭하면 그림과 같이 표시선이 나타납니다(간격을 정확히 하는 데 유용합니다).

* 참고 Edit → Program Options...→ Program Options – View창 → Edit 선택하면 Measurement Units에 ☑Inches로 되어있을 것입니다. Inch는 주로 사용하지 않기 때문에 Centimeter로 바꾸면 됩니다.

● View의 3가지 기능

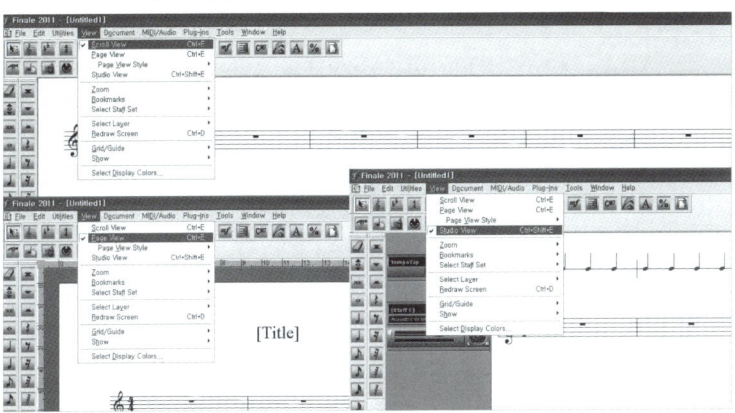

- Scroll View (Ctrl+E) : 악보를 끝까지 한 단으로 보는 기능입니다(악보를 한눈에 쭉 볼 때 주로 사용).
- Page View (Ctrl+E) : 악보를 페이지별로 보는 기능입니다(주로 사용하는 기능).
- Studio View(Ctrl+Shift+E) : 악보를 한 단으로 보고 악기를 설정할 수 있는 기능입니다.

* 참고 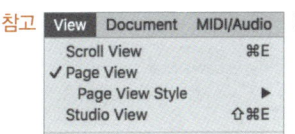 Mac 버전입니다.

● 트레몰로 만들기

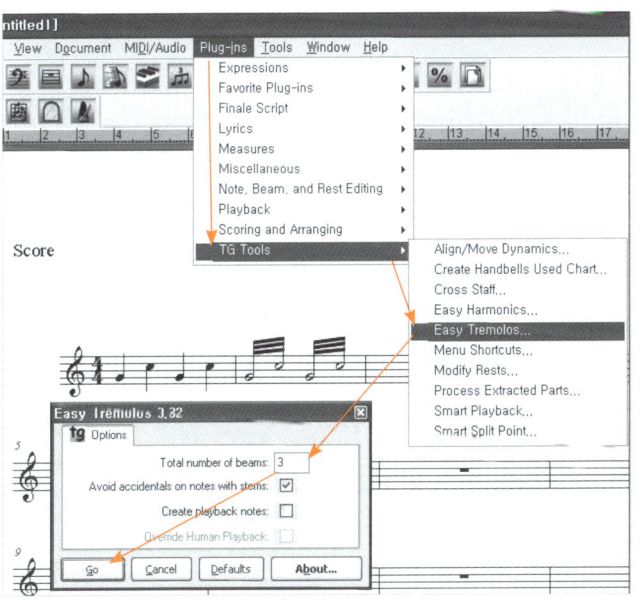

→ 2번 마디 선택
→ Plug-ins 클릭
→ TG Tools 클릭
→ Easy Tremolos.. 클릭
→ Total number of beam : 숫자입력
→ Easy Tremolos 3.32 창에서 Go 클릭

* 참고 Total number of beams : 3 에서 숫자 3은 트레몰로 꼬리의 숫자를 말하는 것입니다. 2로 한다면 꼬리의 숫자는 2개가 될 것입니다.
Mac 2011, 2012는 Plug-ins 모양이 🎵 그림과 같이 되어 있습니다.
Mac 2014 버전부터는 Plug-ins로 나와있습니다.

● 음 간격의 설정

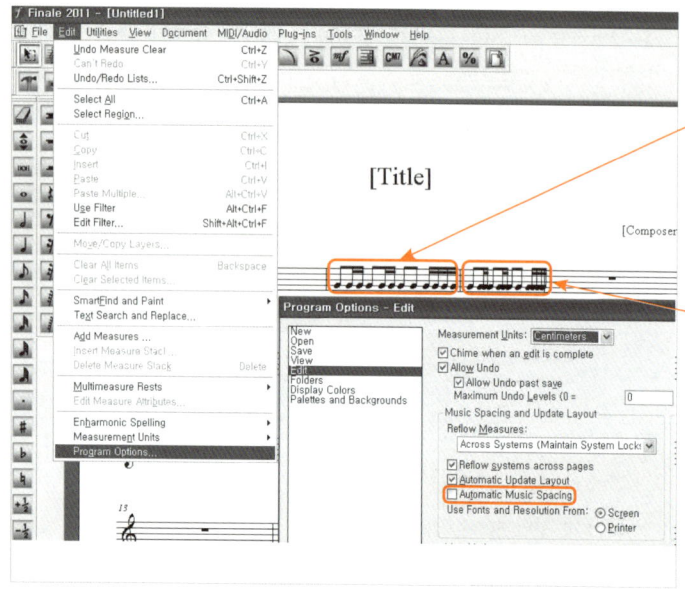

그림과 같이 악보에 두 개의 동그라미가 있습니다.

☑ Automatic Music Spacing
- 첫 번째는 음과 음의 간격이 벌어져 있는 것을 확인할 수 있습니다. 이 기능은 음표의 길이 또는 글씨의 개수에 따라 음의 간격이 자동으로 바뀝니다. 특히 영어를 입력하는 경우에는 음표의 길이와 상관없이 간격이 늘어나는 것을 알 수 있습니다.

☐ Automatic Music Spacing
- 두 번째는 음과 음 간격이 좁은 것을 확인할 수 있습니다. 이 기능은 음표의 길이, 글씨의 개수와 상관없이 정해져 있는 음표의 길이대로 인식합니다. 그래서 영어를 입력할 때는 글씨가 모두 붙게 되는 경우가 발생합니다. 음표의 길이를 정확히 입력하고자 하는 경우에는 ☐ Automatic Music Spacing의 체크를 해제하는 것이 좋습니다.

● 악보 재생하기

악보를 재생하는 방법에는 두 가지가 있습니다.
- 첫 번째 [플레이 버튼] 플레이 버튼을 눌러서 악보를 재생합니다. 이 기능을 사용하면 스타카토, 크레셴도, *mf* 등 여러 가지 기호들을 모두 인식하여 재생됩니다. 그러나 항상 처음부터 재생이 됩니다.

- 두 번째 [Spacebar]를 통하여 악보를 재생할 수 있습니다. 이 기능은 스타카토, 크레셴도, *mf* 등 여러 가지 기호들을 인식하지 않습니다. 그러나 원하는 부분부터 재생이 가능합니다. 재생 방법은 [Spacebar]를 누른 상태에서 원하는 마디를 클릭합니다.

● 악보를 음원(wav, mp3)으로 만들기

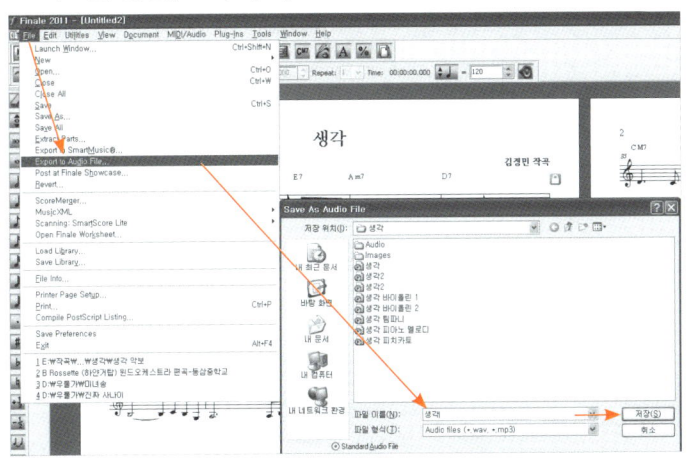

→ <u>F</u>ile 클릭
→ Export to Au<u>d</u>io File.. 클릭
→ 제목 입력
→ 저장(<u>S</u>) 클릭

● Audio & MIDI setting

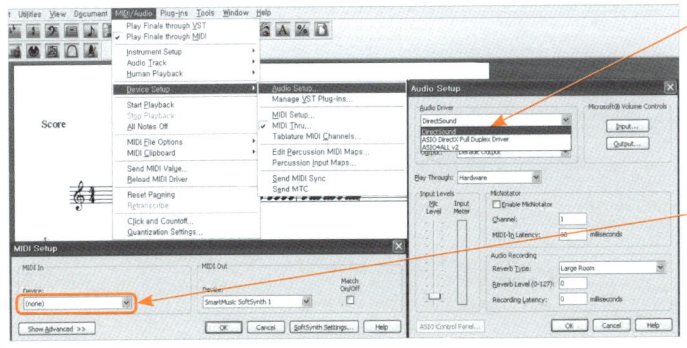

- 오디오 인터페이스 연결하기
→ MI<u>D</u>I/Audio
→ <u>D</u>evice Setup
→ <u>A</u>udio Driver 창에서 사운드 카드 및 오디오 카드 선택

- 건반 연결하기
→ MI<u>D</u>I/Audio
→ <u>D</u>evice Setup
→ MIDI Setup
→ MIDI In 섹션에서 Device칸에서 연결된 악기 선택

* **참고** MIDI setup에서 악기가 선택되면 건반으로 음을 입력할 수 있습니다.

● Display in Concert Pitch

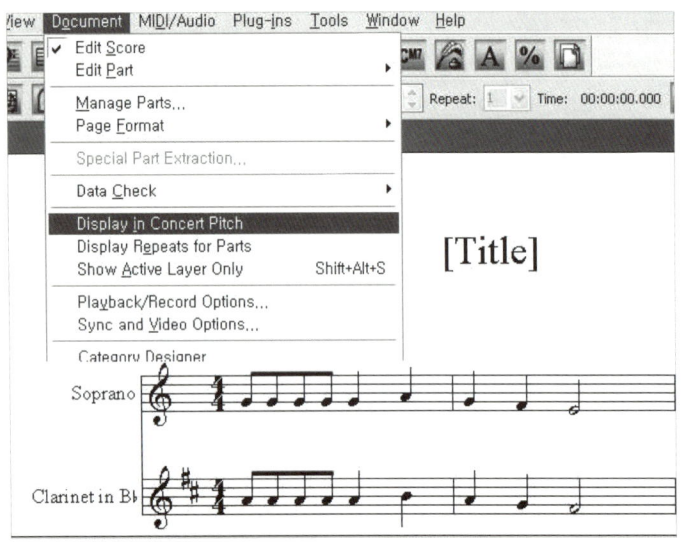

클라리넷처럼 이조 악기를 사용하는 경우가 있습니다.
편곡 중에 이조 악기를 쓰는 경우 화성 분석을 할 때 어렵게 느껴집니다.
예를 들어 클라리넷이 B♭조 악기라 조표가 D 조로 되어 있는데 위의 소프라노처럼 C 조로 바꾸어서 볼 수 있는 기능입니다.

→ Document 클릭
→ Display in Concert Pitch 클릭

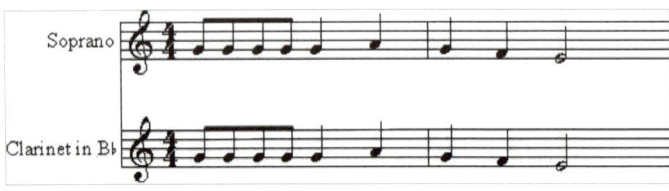

이와 같이 하면
클라리넷 단의 D 조가 C 조로 바뀌는 것을 알 수 있습니다.

● 마디 선 굵기 조절하기

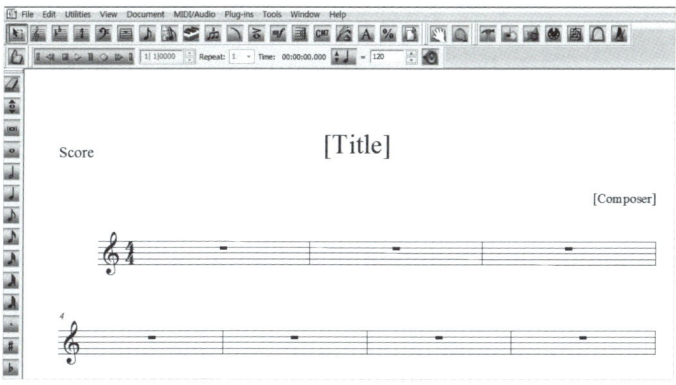

↓

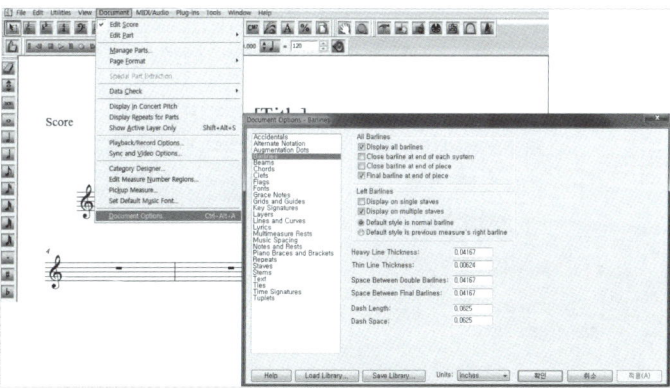

↓

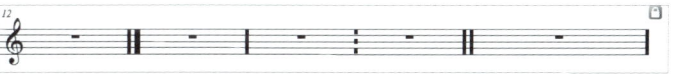

다음 순서에 맞게 마디 선의 굵기를 조절해 보겠습니다.

→ Document 클릭
→ Document Options.. 클릭
→ Barlines 클릭
→ 설정 값 입력

* **참고** Heavy Line Thickness : Final, Solid Line 굵기 조절
  Thin Line Thickness : Normal Line 굵기 조절
  Space Between Double Barlines : 겹세로줄 사이의 거리 조절
  Space Between Double Barlines : 마침줄(끝세로줄) 사이의 거
  리 조절
  Dash Length : 점선의 길이 조절
  Dash Space : 점선의 공간 조절

→ 적용(A) 클릭
→ 확인 클릭

이 과정을 하고 나면 맨 아래 그림과 같이 마디 선이 바뀌는 것을 알 수 있습니다.

식별이 잘 되게 하기 위해 설정 값을 많이 넣은 것이니 원하는 만큼 설정 값을 입력해 선 굵기를 바꾸면 됩니다.

* **참고** 음표 기둥의 굵기나 길이 등을 조절하고 싶다면
  Document Options의 Stems에서 마찬가지로 원하는 만큼 설정 값을 변경하면 됩니다.

● Move/Copy Layers... 의 기능

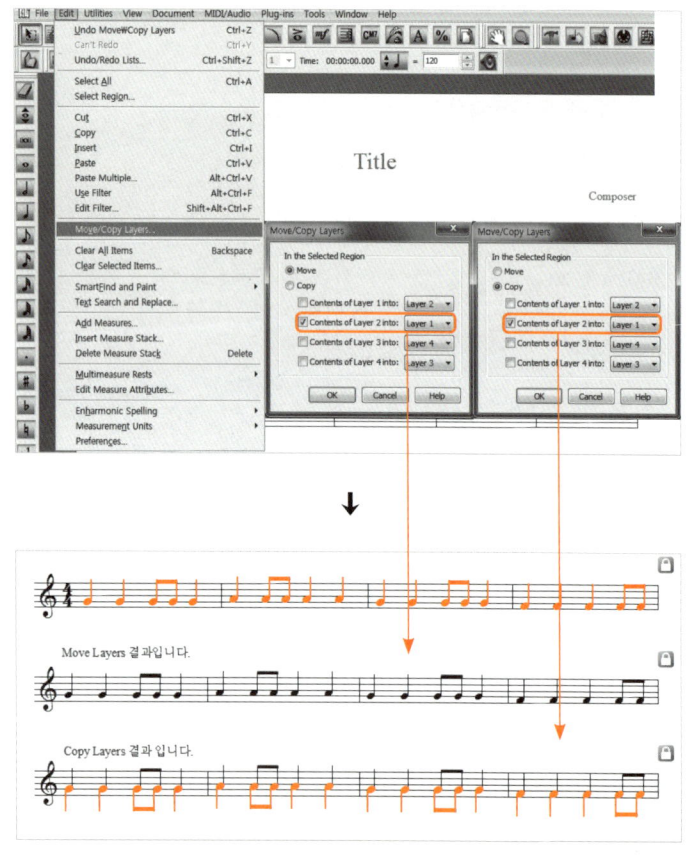

아래 그림과 같이 첫 번째 단에 잘못하여 Layer 2로 입력되어 빨간색 음표가 나왔습니다.
이 음표를 지우고 다시 입력하는 것이 아니라 Move/Copy Layers... 의 기능으로 손쉽게 변경할 수 있습니다.

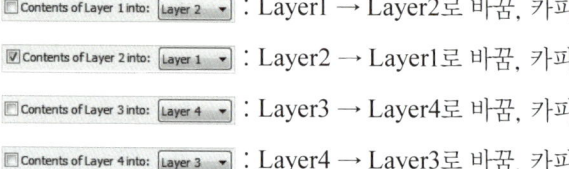

: Layer1 → Layer2로 바꿈, 카피
: Layer2 → Layer1로 바꿈, 카피
: Layer3 → Layer4로 바꿈, 카피
: Layer4 → Layer3로 바꿈, 카피

첫째 단을 Move/Copy Layers... 바꾼 결과
→ 음표가 빨간색(Layer2)이었던 것이 검정색(Layer1)으로 바뀌었습니다.
→ 음표가 빨간색(Layer2)이었던 것이 검정색(Layer1)으로 복사 되었습니다.

● 타브 악보 만들기(2011 Version)

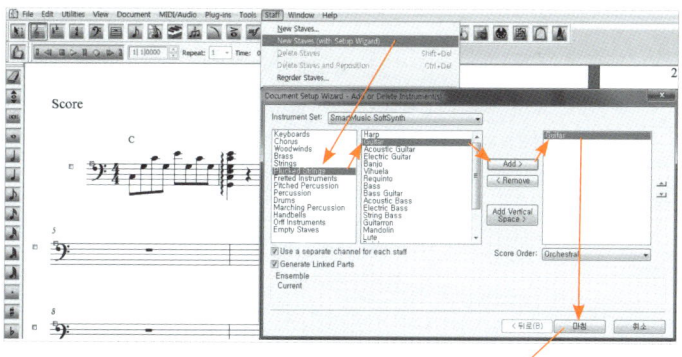

왼쪽 그림과 같이 낮은음자리표 C Chord를 타브 악보로 만들어 보겠습니다.

→ (Staff Tool) 선택
→ New Staves (with Setup Wizard)... 선택
→ Picked Strings → Guitar → Add >
→ 마침 클릭

여기에서는 Guitar의 높은음자리표를 TAB Staff로 만들어 보겠습니다.

→ 첫 번째 마디 더블클릭
→ Staff Attributes의 Notation Style안에 Tablature 선택 후 Define... 클릭
→ ✓ On "OK", reset staff's attributes to tablature default 체크
→ OK 클릭
  (이렇게 해야 오선지가 TAB 악보로 바뀝니다.)
→ 다음 그림으로 이동(68p)

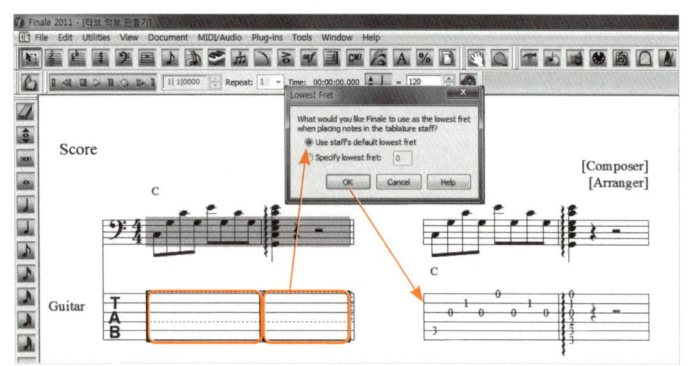

위의 순서대로 하면 그림과 같이 타브 악보가 생성되는 것을 알 수 있습니다.

→ 낮은음자리표 2마디 선택

→ 아래 타브 악보로 드래그하여 복사

→ ⊙ Use Staff's default lowest fret 체크 후 [OK]

→ 그림과 같이 타브 악보가 생성됩니다.

↓

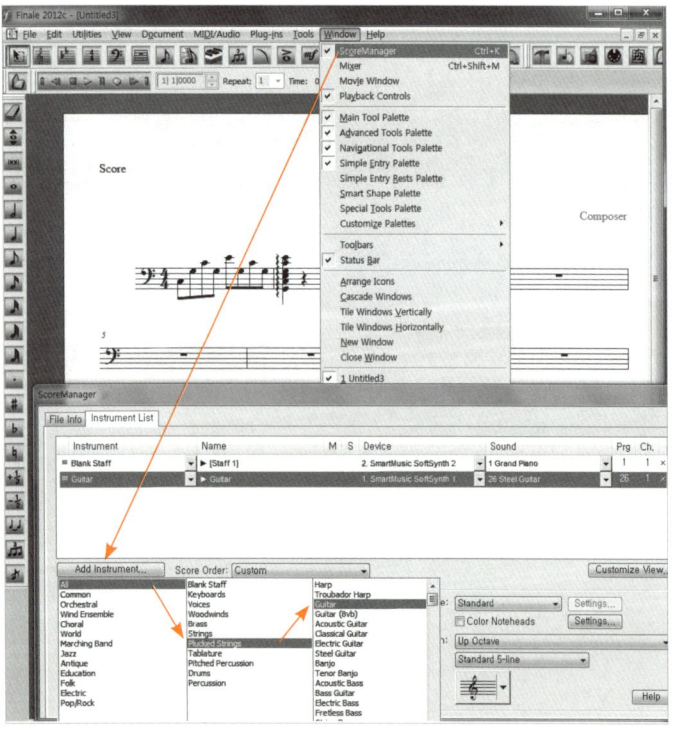

● **타브 악보 만들기(2012, 2014 Version)**

왼쪽 그림과 같이 낮은음자리표 C chord를 타브 악보로 만들어 보겠습니다.

→ Window 선택

→ ScoreManager 선택

→ [Add Instrument...] 선택

→ All → Picked Strings → Guitar 더블클릭

→ Instrument List에 Guitar가 생성된 것을 확인할 수 있습니다.

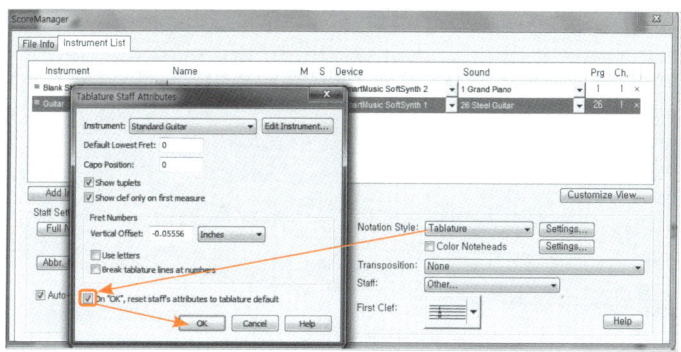

→ Notation Style안에  선택
→ ☑ On 'OK', reset staff's attributes to tablature default
→ [OK] 클릭
  (이렇게 해야 오선지가 타브 악보로 바뀝니다.)

↓

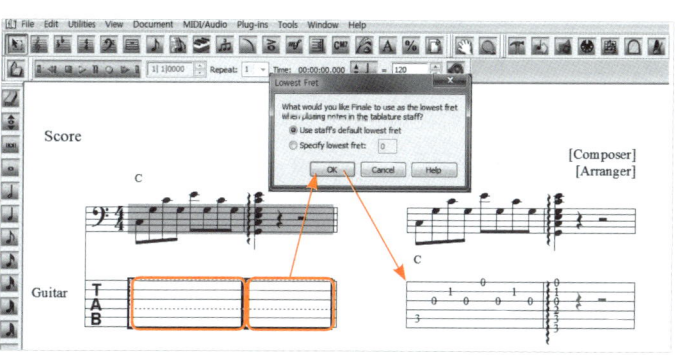

위의 순서대로 하면
그림과 같이 타브 악보가 생성되는 것을 알 수 있습니다.

→ 낮은음자리표 2마디 선택
→ 아래 타브 악보로 드래그하여 복사
→ ⦿ Use Staff's default lowest fret 체크
→ 그림과 같이 타브 악보가 생성됩니다.

마디 사이에 빈 공간을 만들고 Coda(D.C) / Dal Segno(D.S) 만들기

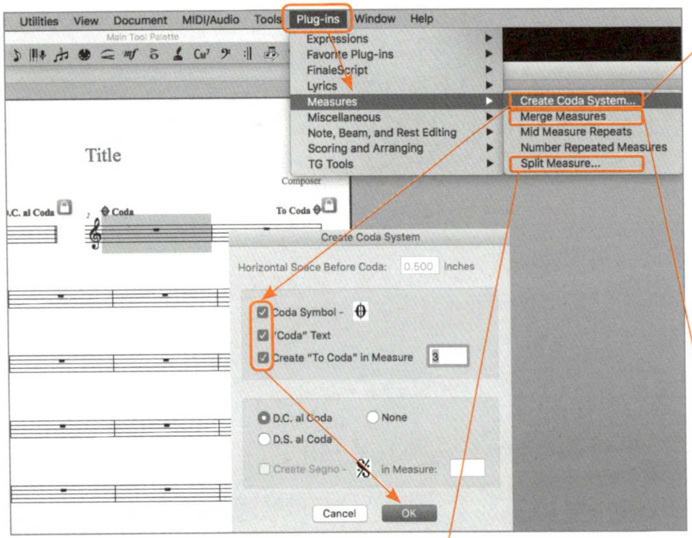

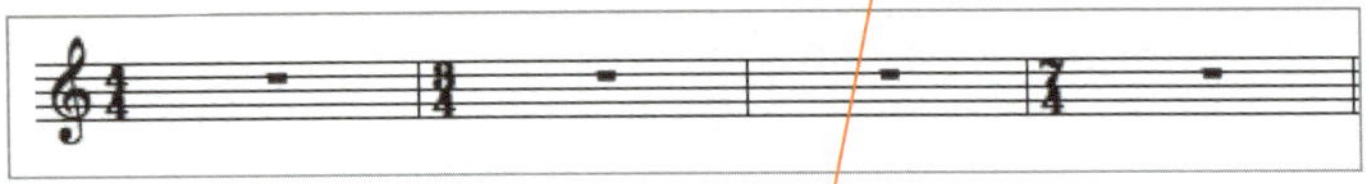

Create Coda System(코다 넣기)

→ 메뉴바에서 Plug-ins를 선택

→ Measure → Create Coda System... 선택

→ ☑ Coda Symbol / ☑ "Coda" Text / ☑ Create "To Coda" in Measure [3] 모두 체크

* **참고** ☑ Create "To Coda" in Measure [3] 에 원하는 마디 숫자를 넣으면 그 마디에 "To Coda"가 생성됩니다.

→ ◉ DC.al Coda 또는 ○ DS.al Coda를 선택합니다. ○ DS.al Coda에 체크를 하면 ☐ Create Segno - 𝄋 가 활성화 됩니다.

→ [OK] 선택

Merge Measure(박자 합치기)

→ 4/4박자 두 마디를 선택 → Merge Measure 클릭 → 8/4 → 3/4박자, 4/4박자 두 마디를 선택 → Merge Measure 클릭 → 7/4

Split Measure(박자 마디 나누기)

→ 마디를 선택 후 Split Measure 클릭하면 Split Measure 창이 생성됩니다. 여기서 [1] Beat에 1을 입력하면 그림과 같이 마디가 분리됩니다.

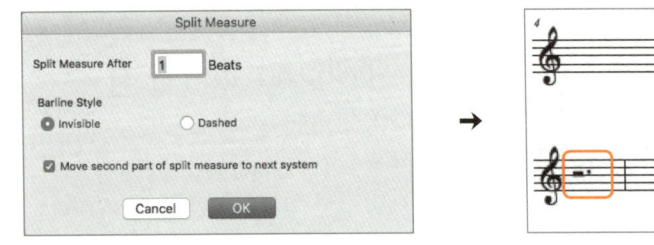
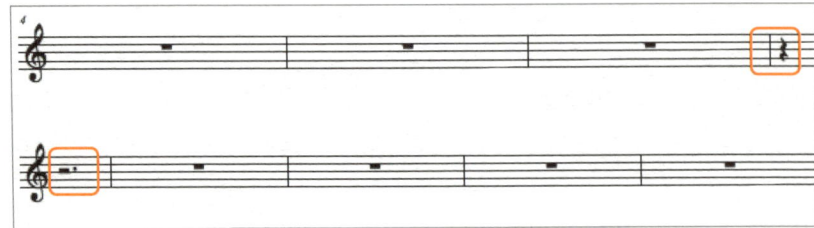

● 자동으로 이음줄(Slur) 붙이기

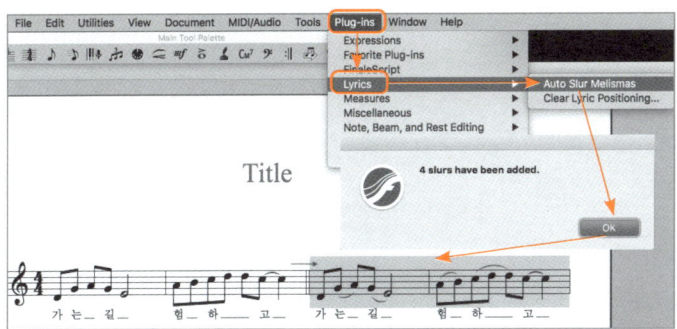

→ 메뉴바에서 Plug-ins를 선택

→ Lyrics → Auto Slur Melismas 선택

→ 4개의 이음줄이 생성되는 메시지 확인

→ 왼쪽 1, 2마디에 이음줄이 없는 부분이 오른쪽 3, 4마디에 이음줄이 생긴 것을 확인할 수 있습니다.

→ 이와 같이 따로 이음줄을 넣지 않아도 자동으로 Plug-ins를 통해 이음줄을 넣을 수 있습니다.

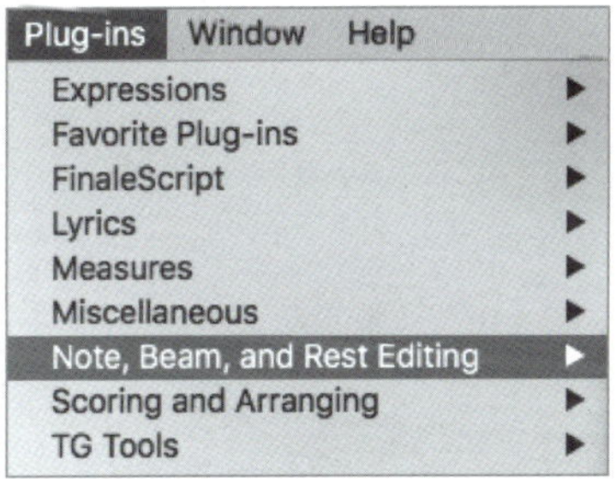

* Alphanotes

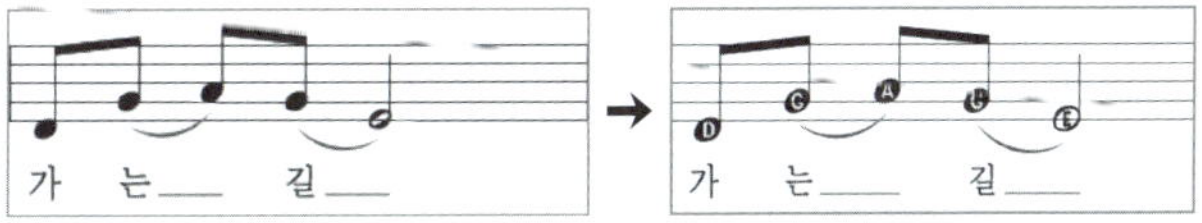

* Classic Eighth Beams

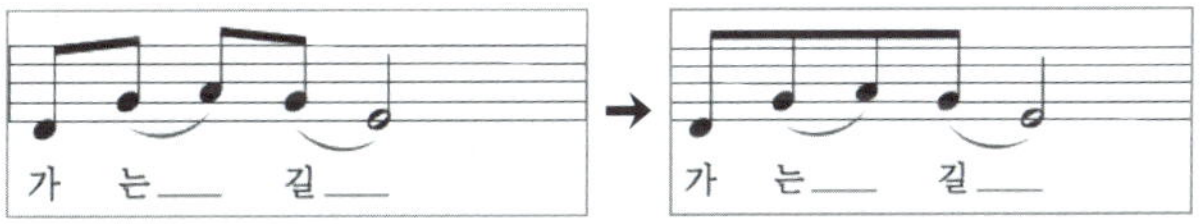

* Flat Beams

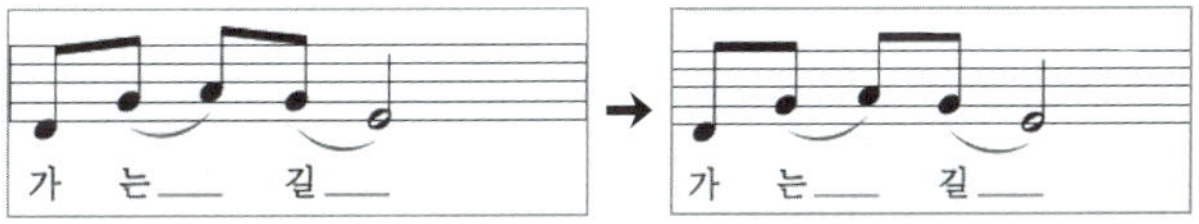

* Single Pitch

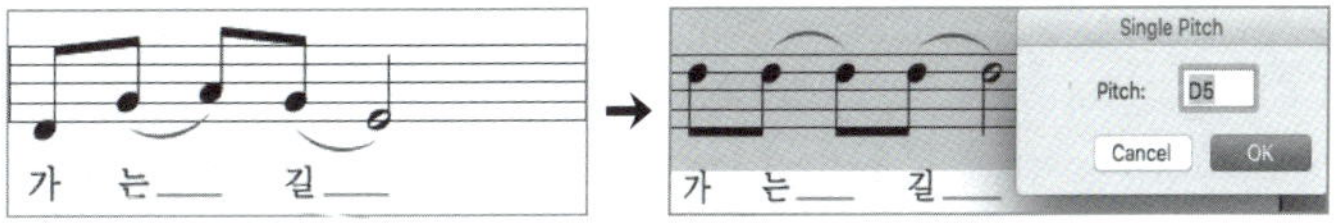

* 참고 이와 같은 기능을 할 때는 꼭 "마디 클릭 후" 기능들을 선택해야 적용이 됩니다.

연습 과제 1 - 단선율 동요 악보 그리기

* 각각의 쓰이는 기능을 음표, 기호 앞에 기호 그림으로 붙여 넣었습니다. 기호 그림을 참고하여 악보를 그려 나가면 훨씬 편하게 악보를 그릴 수 있습니다.

연습 과제 2 – 단선율 리듬 악보 그리기 1

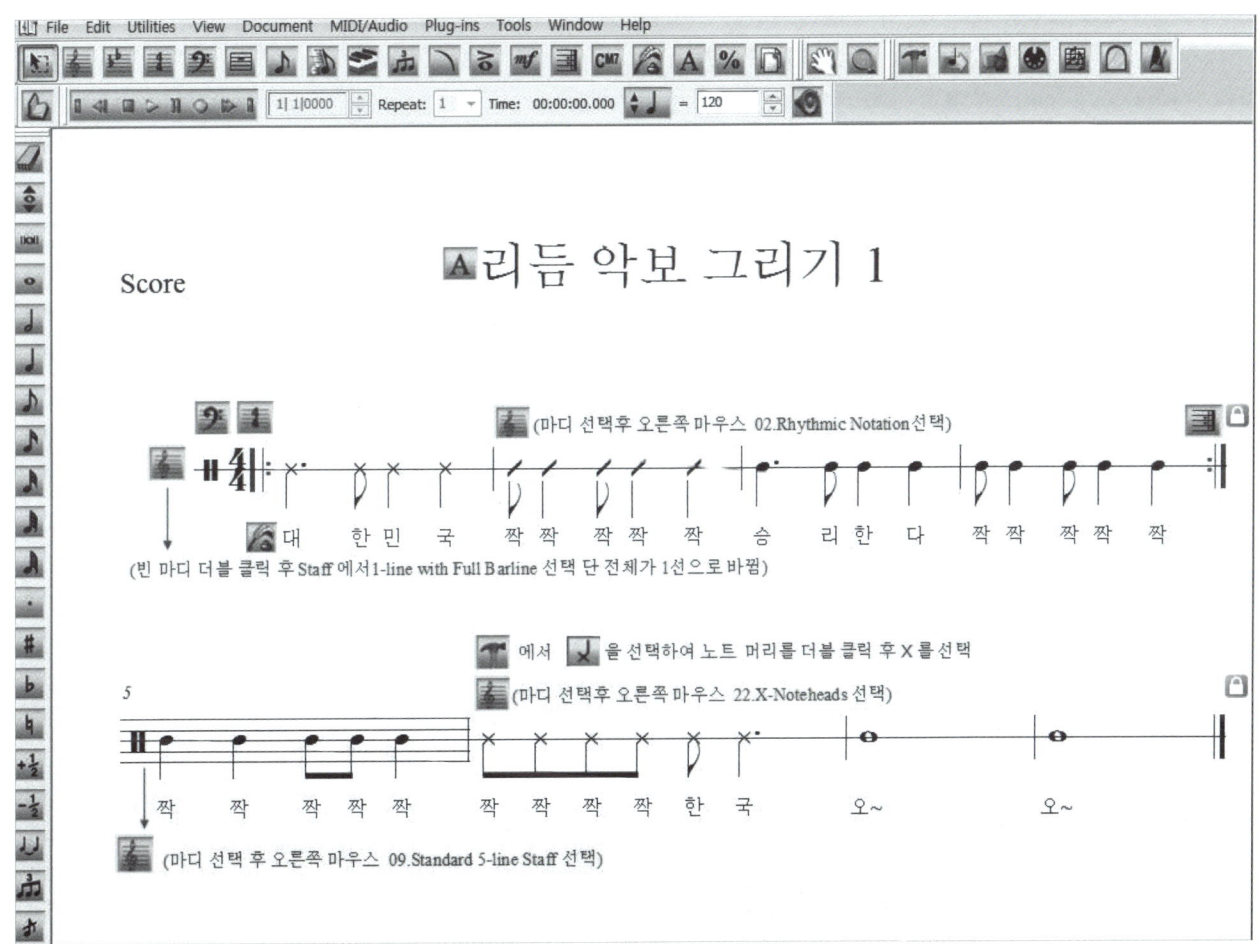

연습 과제 3 - 단선율 리듬 악보 그리기 2

연습 과제 4 - 피아노 악보 그리기

연습 과제 5 – 밴드 악보 그리기

연습 과제 6 - Orchestra 악보 그리기

Finale 쉽게 따라하기 개정 증보판

저자 김정민

발행일 2018년 8월 10일

편집책임 윤영란 • **편집진행** 여성은, 유경아 • **디자인** 이기숙
마케팅 현석호, 신창식 • **관리** 남영애, 김명희

발행처 스코어
발행인 정상우
출판등록 2012년 6월 7일 제 313-2012-196호
주소 서울시 마포구 동교로 13길 34(04003)
전화 02)333-3705 • **팩스** 02)333-3748

ISBN 979-11-5780-188-6-13670

ⓒ2018 SCORE All rights reserved.
스코어는 (주)태림스코어의 실용음악분야 브랜드입니다.

이 책의 무단 전재와 무단 복제를 금합니다. 파본은 구입하신 곳에서 교환해 드립니다.